나는 잘될 거야

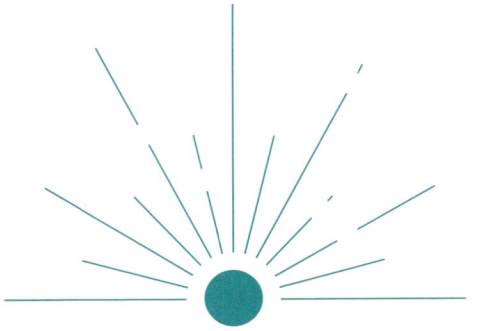

나는 잘될 거야

엄남미 지음

나는 **정말** 잘될 거야
나는 **심히** 잘될 거야
나는 **진짜진짜** 잘될 거야

목차

1 항상 감사하라 8
2 칭찬하라 11
3 긍정하라 14
4 모든 게 다 잘될 거라고 믿어라 17
5 먼저 작은 것들에 대한 마음속 그림을 자연에서 그리자 20
6 꿈을 꿀 때는 잠재의식에 거짓말이라는 느낌이 들면 안 된다 23
7 말과 상상력이 시합하면 상상력이 이긴다 26
8 상상을 통해 구체적으로 기원하라 29
9 강한 신념은 모든 꿈을 이루게 한다 32
10 신념은 상상을 실현시킨다 35
11 자신의 꿈에 절대적인 확신을 가져라 38
12 스터디 카드를 항상 주머니에 들고 다니자 41
13 자신의 소중한 꿈을 Naysayers(비관론자)에겐 비밀로 유지해라 45
14 "나는 운이 좋다"라고 말하라 48
15 자기 전에 "이 모든 것을 잠재의식에 맡긴다"고 말하고 자라 51
16 신호를 만들어 신비로운 해결 방법을 잠재의식에 새기자 54
17 잠재의식은 받아들인 그대로를 현실화한다 57
18 잠재의식의 대가들은 오직 된다고 생각한다 60

19 잠재의식을 정복하라 63

20 승리는 잠재의식의 성공 마인드를 장착한 사람들에게 온다 66

21 잘될 거야, 잘될 거야, 나는 잘될 거야 69

22 살아있는 동안 건강하고 행복한 잠재의식만을 상상하자 72

23 잠재의식은 몸을 편안하게 할 때 가장 잘 듣는다 75

24 몸은 살아있는 잠재의식의 결과물이다 78

25 완벽한 몸은 자신을 사랑하는 것이다 81

26 잠재의식은 반드시 행동하도록 이끈다 84

27 자신의 소망을 오감의 느낌으로 상상하라 87

28 돈은 끊임없이 순환하고 있다고 상상하라 90

29 모든 일이 다 최고로 잘될 거야 93

30 잠재의식의 대가들은 항상 기분 좋은 감정을 강조한다 96

31 마음속 깊이 '이것이 무엇인가?'를 명상하라 99

32 명상은 잠재의식에 풍요로움을 끌어당기는 비밀이다 102

33 8주면 명상으로 잠재의식을 바꿀 수 있다 105

34 마음속에 선명하고 또렷한 그림을 그려라 108

35 잠재의식에 이 생애에서 이룰 수 없는 꿈을 꾸라 112

36 잠재의식은 어떤 말이건 반복해서 되풀이하면 진실로 받아들인다 115

37 잠재의식에 방해가 되는 낮은 자존감을 높이자 119

38 잠재의식에 결단하는 습관을 들여라 122

39 잠재의식에 기회라는 강력한 느낌이 오면 바로 잡아라 125

40 어떤 난관이나 역경이나 실패도 꿈을 이루는 과정이라 결심하자 128

41 바라는 것을 잠재의식에 30일 정도 무의식적으로 반복 각인시킨다 132

42 잠재의식에 부정적인 잡초는 뽑아버리자 135

43 잠재의식은 불가능을 가능하게 만든다 138

44 잠재의식은 반복하면 변화를 만든다 141

45 잠재의식은 만능열쇠다 144

46 이제부터 잠재의식을 이용해서 경제적인 부를 이룰 방법을 실천하라 147

47 잠재의식이 주는 메시지를 듣기 위해 조용한 시간을 가진다 150

48 잠재의식을 개발하기 위해선 마음을 고요하게 하라 154

49 잠재의식의 긍정은 천운도 움직인다 158

50 미래에 일어날 일을 지금 감사하면 잠재의식은 적극적으로 도와준다 162

51 명확한 목표를 계속 그려야 24시간 달성하기 위한 잠재의식이 작동한다 165

52 잠재의식은 성공한 사람들 주변에 운을 많이 배치한다 168

53 의식에 뭔가 배우려는 자세가 있으면 잠재의식은 금방 성공시킨다 171

54 잠재의식을 강력하게 바꾸는 말 174

55 잠재의식은 인생의 시나리오를 원하는 시나리오로 선택할 수 있다 177

56 아침에 일어날 때 거울에 붙일 긍정 확언을 만들라 180

57 잠재의식은 긍정의 글을 쓸 때 끌어당김이 강해진다 183

58 구체적인 긍정 확언을 만들 목표를 찾아서 186

59 항상 풍요로움을 상상하라 190

60 잠재의식에 풍요로움을 심기 위해서는 용서하고 버리라 193

61 잠재의식은 강력하게 확신하는 말을 그대로 받아들인다 196

62 오직 스스로 믿고 간절히 허공에 기도하는 주문을 걸어보자 199

63 신이 없다고 생각하는 것보다 있다고 믿는 편이 훨씬 더 유리하다 202

64 모든 것을 가능하게 하는 힘이 잠재의식이니 최고를 입력하라 205

65 꿈의 목록을 작성해서 잠재의식에 모두 맡긴다 208

66 꿈을 완벽하게 완성된 것으로 실물처럼 그리자 211

67 시각화를 매일 연습하면 끌어당김의 힘이 강해진다 214

68 시각화 연습 방법 217

69 시각화는 느낌이 가장 중요하다 220

70 자신에게 태양신경총(Chakra)이 있음을 기억한다 223

71 말투를 되는 방향으로 바꾼다 226

72 진짜 성공하고 싶으면 아침에 일찍 일어나라 230

73 진짜 자아를 찾아라 233

74 인생에서 고귀한 목표를 고를 수 있는 질문을 잠재의식에 던진다 236

75 세상은 여러분의 명령을 애타게 기다린다 239

76 강하게 믿으면 신념의 마력이 이루게 한다 242

77 인류의 발전은 위대한 사람들의 신념과 노력의 결과다 245

78 행복해지기 위해선 긍정적인 자세를 취하라 248

79 지금 일어나는 모든 일은 도움이 되는 일이라고 믿어라 251

80 긍정적인 마음을 기르는 10가지 방법 254

81 자신이 내뱉는 말을 조심하라 257

82 긍정 확언은 잠재의식이 가장 효과를 내도록 돕는다 260

83 미래에 체험할 일들을 미리 써보며 행복을 느끼자 263

84 반드시 꿈의 이정표에는 이런 말로 마무리하는 것을 기억하라 266

85 마음속에 그림으로 그리듯이 생생하게 글을 써라 269

86 시각화를 생생하게 하고 싶다면 10대 뉴스를 그린다 273

87 너무 걱정하지 말고 그저 상상하라 277

88 잠재의식에 마감 시간을 정해서 약속을 잘 지키는 사람으로 인지시키자 280

89 조용히 마음으로 들어가는 시간을 물가에서 가진다 283

90 잠을 푹 자야 한다 286

91 잠재의식은 감사하는 사람을 좋아한다 289

92 잠재의식을 활성화할 수 있는 가장 좋은 시각화 방법 293

93 잠재의식에 요청하고 소망이 실현되기 전까지는 침묵한다 297

94 백만장자가 목표라면 다음의 확언을 아침, 점심, 저녁으로 녹음하라 300

95 생각과 창조의 힘은 무한하다는 걸 믿어라 304

96 잠재의식은 몸으로 표출되니 운동하라 307

97 행동하도록 감정과 욕구에 자극을 주자 310

98 현재 의식을 긍정적으로 완벽히 개선하려면 훈련이 필요하다 313

99 비약적인 성장은 언제나 바닥을 치고 올라올 때다 316

100 세상에 실수란 없다 오직 지금 새로 시작할 수 있다 320

1
항상 감사하라

 감사는 모든 문제의 해답이다. 감정은 모든 창조의 원인이 된다. 가장 높은 창조의 감정은 감사와 사랑이다. 성서에서는 칭찬과 감사를 가지고 우리의 꿈을 요구하라고 이야기한다. 성 바울은 이 간단한 기도 방법을 이용하면 놀라운 결과가 생긴다고 했다.

 시크릿의 핵심 원리는 감사다. 물질적으로 풍족해지고, 삶이 더욱더 행복하며, 살아가면서 좋은 일이 눈사태처럼 일어나는 방법이 있다. 오직, 모든 일에 "감사합니다!"라고 말하는 것이다. 이것이 끌어당김의 비밀인 '시크릿'이다. 지금 소유하고 있는 걸 불리는 방법도 '감사'다. 성서에서는 유독 감사의 언어들이 많이 등장한다. 왜냐하면 이미 세상에 존재하는 모든 좋은 것들을 받았음을 미리 감사하는 것이 창조의 원리이기 때문이다. 잠재의식을 잘 사용하는 방법은 오직 감사하는 최고 진동수를 내면에서 외부로 내보내는 것이다.

우리에게 주어진 여러 가지 형편이나 환경을 불평하는 것은 낮은 진동수다. 이때는 창조가 일어나지 않는다. 이미 가진 것도 사라지게 한다. 기분이 좋은 것이 소원을 이루는 주파수다. 만약 하루 중에 핵심 감정이 기쁨이 아니라면 자신을 성찰해야 한다. 지금부터라도 잠재의식을 바꾸기 위해서라도 매 순간 '감사'라는 단어를 인지하자. 감사에서 나오는 단어의 주파수가 크다. 감사로 감정을 전환해서 기분이 좋을수록 소망이 잘 이루어진다.

만약 기분이 좋지 않다면 반드시 그 자리에서 즉시 기분 좋아지는 올바른 행동을 하여 기분이 좋지 않은 상황에서 빠져나와야 한다. 우주는 17초면 소망이 이루어지도록 한다. 기분이 좋지 않은 순간에 '감사'라는 단어를 상기하면 그 자리에서 에너지의 진동이 바뀐다.

어떤 것에 17초 동안 주의를 기울이면 그 생각과 일치하는 진동이 내면에서 활성화된다.

감사에 17초 동안 주의를 기울이면, 그 생각이 감사하는 감정을 불러온다. 그러한 집중이 강해지면 감사 진동이 명백해짐에 따라서 끌어당기는 대상을 불러온다. 마음속 깊이 지금 누리고 있는 풍요로움에 감사하면 부(富)가 끌려온다. 딱 17초다.

감정 안내 시스템에서 가장 힘 있는 창조력은 감사와 사랑과 기쁨과 자유와 권능이다. 그에 반해 무력감, 절망 두려움, 슬픔 등은 가장 낮은 주파수대에 있어서 의도적으로 항상 자동 설정 온도를 감사로 맞추어 놓자.

1분 명상
감사하는 습관이 부를 이루게 한다.

2
칭찬하라

아무것도 염려하지 말고, 오직 모든 일에 기도와 간구(懇求, 간절히 바람)로 너희 구할 것을 감사함으로 하나님께 아뢰라. 그리하면 모든 지각에 뛰어난 하나님의 평강(平康, 마음에 걱정 없고 편안함)이 그리스도 예수 안에서 너희 마음과 생각을 지키시리라. (빌립보서 4:6~7)

아무리 보잘것없는 것처럼 보이는 사람이나 사물도 모두 다 신의 창조물이다. 감사하는 마음으로 만물만생(萬物萬生)을 칭찬하고 축복하는 태도는 부를 끌어당긴다.

많은 사람이 지금보다 더 많은 부와 풍요와 건강과 축복을 누리며 성장하고 싶어 한다. 가장 간단한 방법은 만물을 칭찬하는 것이다. 감동하지 않으면 마음이 메마른다. 풀 한 포기와 꽃 한 송이, 맑은 하늘 등 찾아보면 칭찬한 거리가 가득하다. 감사와 칭찬, 축복만으로도 작은 재산을 천 배로 불릴 수 있다. 더욱더 풍성한 삶을 살고 싶다면 잠재의식에 가장 먼저 자신을 칭찬하기 시작하라.

가장 먼저 큰 소리를 듣는 사람은 내면에 있는 자아(自我)다. 그 자아가 신의 창조물이므로 자신을 먼저 칭찬하는 연습을 하여 습관이 되면 만물을 다 축복할 수 있다. 알라딘의 요술 램프는 문지르는 사람들에게 작동한다. 즉, 감사하고 칭찬하는 사람들에게만 마술이 일어난다. 팽창, 즉 임계점을 지나서 변화가 일어난다. 마술이 일어나려고 할 때 문지르는 것을 그만두면 팽창이 일어나지 않고 사라진다. 임계점을 반드시 넘어서기 위해선 칭찬을 자신이나 남에게 계속 주어야 한다. 물이 수증기가 되기 위해서는 반드시 열을 가해야 한다. 토마토와 옥수수 씨앗이 자리기 위해서는 물과 햇빛을 지속해서 주어야 한다.

칭찬이라는 열을 가해서 부의 기운을 충만하게 하기 위해서는 지속해야 한다. 칭찬을 지속하는 방법은 매일 저녁 자기 전에 자신에게 1분 동안 하루 동안 잘한 점을 일기에다 적어야 한다. 잠재의식이 자기 전에 감정을 아침까지 열을 가해서 더욱더 좋은 일을 가져다줄 것이다.

옛 선지자들은 모두 이 방법을 사용했다. 사랑과 칭찬과 축복을 받은 아이들은 마음속에서 동기부여가 일어나기 때문에 불가능한 일들을 해내고야 만다. 칭찬은 모든 사람이 그렇게 갈구하는 욕구다. 먼저 자신이 스스로 칭찬을 자주 한다면 잠재의식이 바뀌어 타인도 칭찬하게 될 것이다. 여기에는 연습과 반복이 필요하다. 내면에 갇혀 있던 능력을 일깨워서 그 힘을 사용하게 해주는 가장 쉬운 방법이 칭찬이다.

1분 명상
잠들기 전 자신이 하루 동안 잘한 점을 칭찬일기에 적어 보자.

3
긍정하라

어릴 적 만약 다음과 같은 말을 부모나 할머니와 할아버지 친척들에게 들은 적이 있는 분은 손을 들어보기를 바란다.

"(자신의 이름)야, 너는 정말 대단한 아이야. 정말 최고야."

"(증조할머니, 외할머니)는 너를 정말 아주 많이 사랑한단다."

"(자신의 이름)은 앞으로 아주 행복하게 베풀면서 살 거야."

"(자신의 이름)는 넌 참 재능이 많아서 뭐든 할 수 있어."

"너는 세상을 위해서 아주 훌륭한 큰일을 하게 될 거야."

"우리는 네가 있어 너무나도 뿌듯하단다."

"네가 이 세상에 태어난 건 기적이야."

칭찬은 잠재의식에 고래가 춤을 추게 할 정도뿐만 아니라, 기적을 일으킨다. 칭찬은 아무리 강조해도 지나치지 않다. 우리의 잠재의식이 95%가 차지하는데 어릴 때 들은 칭찬이 적으면 의식하는 5%가 대부분 부정적인 말버릇, 습관, 말투로 인해서 감정이 괴울 때가 많을 것이다. 그럴 땐 잠재의식을 바꾸기 위해서라도 자신을 위해 긍정의 말을 이제 성인이 된 자신이 스스로 해주어야 한다. 대부분 위 긍정의 말을 듣고 자라지 못했다. 명령하고 지시하는 말과 잔소리가 주였으므로 잠재의식은 대부분 부정적인 메시지가 많다.

긍정은 장점이 많다.

1. 누군가에게 존재에 대한 긍정을 많이 해주면 기분이 좋아진다. 잠재의식은 기분 좋을 때 좋은 것들을 끌어온다.
2. 긍정을 받았을 때는 자존감이 상승한다.
3. 자신과 상대방을 긍정하면 장점이 보여서 "내 주변에는 좋은 사람들만 있구나." 하며 행복감에 젖게 되고, 사람들을 소중히 여기는 습관이 생긴다.
4. 사물의 긍정적인 면을 보게 되면 세상의 나쁜 면보다 좋은 점을 찾는 버릇이 생긴다. 그러면 좋은 일이 계속 일어나는 선순환이 일어난다.

우리가 매 순간 보고 듣고, 말하고, 행동하게 만드는 생각은 매우 중요하다. 생각이 감정을 낳는다. 긍정하면 긍정의 감정이 생기므로 삶에 좋은 일이 생긴다. 귀중한 생각을 부정적인 생각을 하는 데 낭비하지 마라. 긍정적인 생각은 삶이 잘 흘러가게 만든다. 부정적인 생각은 좋은 일이 오는 걸 막는다.

1분 명상
잠재의식에 긍정의 씨앗을 심자.

4
모든 게 다
잘될 거라고 믿어라

 잠재의식은 분명한 목적을 가지고 다 잘될 거라고 믿는 사람들에게는 태산도 움직이게 한다. 인도 '베다(Veda)' 경전에는 다음과 같은 말이 있다.

 "너희 중 두 사람이라도 정신력을 합치게 되면 세상을 정복할 수도 있을 것이다."

 믿음은 많은 사람이 필요하지 않다. 오직 나의 믿음과 타인의 믿음 둘이 합치면 태산을 움직일 수 있는 기적이 일어난다. 우리의 몸은 신경 세포 조직들이 서로 긴밀히 힘을 합쳐서 잠재의식의 전능한 힘이 신체를 움직이게 하고, 손톱이 자라게 한다. 잠을 자는 동안 머리카락이 자란다. 우리는 이 신경 세포의 작동을 의심하지 않는다. 잠재의식이 모든 것을 움직이는 원동력이다. 둘 혹은 그 이상의 신경 세포가 뚜렷한 목표를 위해 명확히 협력하면 원하는 것을 얻게 된다.

우리는 손톱이 어떻게 자라는지, 토마토가 어떻게 자라서 열매를 맺는지, 전기가 어떻게 작동하는지 알 필요가 없다. 단지 믿고 내어 맡기니 모든 것이 저절로 이루어진다. 분명한 것은 씨앗을 뿌리고 전기 스위치를 올리고, 잠을 푹 자면 저절로 자연치유가 일어난다. 도움을 요청하기 위해서는 온몸의 세포를 자극하는 일이 가능하다. 명확한 목표와 분명하고도 확실한 목적은 몸을 구성하고 있는 다른 세포들에 도움을 요청해서라도 믿음대로 이루어준다.

잠재의식의 작동 원리는 왕자나 거지나 부유한 사람들이나 가난한 사람들이나 다 똑같이 작동한다. 이 세상은 당신의 소유다. 왜냐하면 어떤 것도 차별하지 않는 창조의 절대 법칙인 믿음이 있으면 다 가능하기 때문이다. 신비로운 우주는 신경세포들의 자극이 모든 인간과 똑같게 작동하는 것처럼 황인종, 백인, 흑인 등 차별하지 않는다. 오직 단 하나의 세포일 뿐이다.

끈질기고 완강하게 자신의 믿음을 고수하고 목적지에 다다르기 위해 일관적으로 원하는 것을 믿고 좇는다면 결국 모든 것이 다 잘 되는 쪽으로 향할 것이다. 신비에 대한 믿음, 행운과 운에 대한 믿음, 하늘이 돕는 천운을 믿는 마음, 결국 믿음이 모든 끌어당 김의 원인이다. 그러니 오직 자신의 잠재의식에 이렇게 명령하라. "나는 모든 것이 다 잘될 거야."

> **1분 명상**
>
> 뚜렷한 목적지를 정하고 그에 대한 온전한 믿음은 삶과 죽음, 그 밖의 다른 것들까지도 그에 비하면 사소하게 여겨질 정도로 강력하다.

5
먼저 작은 것들에 대한 마음속 그림을 자연에서 그리자

사람들은 큰 꿈을 잠재의식에 그린다. 큰 꿈은 과정이 크기 때문에 작은 과정에 대한 그림을 잘게 나눠서 이루는 성취감을 먼저 느껴야 한다. 그 자신감으로 마음속에 과정 시각화하면서 큰 꿈에 다가가야 한다.

많은 사람은 지금 당장 큰 꿈이 눈앞에 물질로 보이기를 바란다. 하지만 물질화되기까지는 열을 내는 과정을 반드시 거쳐야 한다.

잠재의식이란 비옥한 땅에다 씨앗을 심으면 바로 열매와 나무가 되는 것이 아니다. 모진 태풍과 갖은 풍파를 견뎌야 한다. 햇빛과 물과 바람과 공기를 적절하게 받아야 큰 나무가 되고 열매가 잘 익어 우리의 입에 들어오는 결과가 나타난다.

잠재의식도 자연의 법칙이다. 만약 잠재의식을 파악하여 큰 꿈을 이루고 싶은 사람들은 자주 자연으로 나가자. 꿈을 행복하게 성취하고 싶다면 자연의 작은 꿈들을 살펴보라. 봄과 여름이 지나서 가을이 오고, 겨울이 와서 혹독한 시련들을 다 견딘 다음에 또다시 새싹이 돋아난다. 자연은 순수하게 살아 있음을 가장 완벽하게 표현한 잠재의식이다. 큰 꿈을 이루기 위해 작은 꿈들을 소소히 이루면서 자연에서 에너지 수준을 높인다면 바라는 모든 꿈은 이루어진다.

모든 자연경관은 소망의 실현을 더욱더 수월하게 도와준다. 왜냐하면 우리가 자연에서 왔기 때문에 자연 속에 있으면 우리가 원하는 목표를 이루는 방법을 잠재의식인 자연이 알려준다. 먼저 막힘이나 작은 꿈을 이뤄가는 과정에서 큰 꿈을 이룰 방법이 안 보인다면 자연과 접촉한다.

시인 루미(Rum)는 "우리의 이해력은 미숙하고 자연환경은 풍요로우므로 말을 적게 하고 자연에서 많이 배우라."고 했다.

자연경관을 유심히 주시하고 있으면 알 수 있다. 그 저변에는 힘들이지 않고도 끈질기면서 체계적으로 움직이는 무언가 있음을. 그것은 냉혹하고 냉철한 잠재의식의 무한 지성이 돌보고 있는 어떤 힘인 것이다. 그 힘에서 작은 꿈들을 이룰 에너지를 얻고 온다.

자연은 털끝만큼도 애쓰지 않으며 이 우주를 순환하고 있다. 그러면 우리는 큰 꿈도 애쓰지 않고 쉽게 이룰 수 있다는 것을 알 수 있다. 자연이 스스로 그렇게 존재한다는 믿음이 있으므로 확신을 두고 다음 해에 작은 꿈들이 피어나고 또 피어나고 더욱더 나이테를 더해서 큰 나무가 되는 것이다. 여러분의 꿈도 마찬가지다.

여러분은 자연과 접촉할 때마다 작은 꿈을 이루어서 더 크게 꿈의 크기를 키울 수 있는 에너지를 회복시켜주는 효과를 만끽할 것이다.

1분 명상
큰 꿈을 잘게 나눠서 작은 성취를 지속하자.

6
꿈을 꿀 때는 잠재의식에 거짓이라는 느낌이 들면 안 된다

정말 할 수 있을 것 같다는 자신 능력의 믿음이 어느 정도 확신이 들면 큰 꿈을 꾸어도 좋다. 그러나 하지도 않고 꿈만 꾼다면 잠재의식은 망상으로 간주하고 믿지 않는다. 그래서 아무리 노력해도 그 꿈은 이루어지지 않는다. 자신이 없을 때는 거짓말을 하지 말라.

입으로는 요즘 유행하는 긍정을 확언해야 한다는 유튜브의 영상을 보고 "나는 부자다"라고 단언하는 확언을 한다면 어떻게 될까? 잠재의식이 지금의 상황을 보면서 나는 아무개와 비교해서 가난한데 그리고 마트에 갈 때 아직도 가격을 따지면서 할인 적용을 생각하고 있는데 "어떻게 내가 부자이지?"라고 내면에서 다른 자아가 계속해서 부정적인 감정을 내보낸다. 이 확언은 굉장히 좋지 않다.

오히려 가난한 상황과 느낌을 잠재의식에 각인시키는 꼴이 된다.

차라리 "나는 풍요롭다"라는 긍정 확언을 하는 것이 좋다. 잠재의식은 느낌에 반응한다. 풍요라는 단어는 돈과 물질에만 한정되지 않는다. 자연에서 비가 내리는 것도 풍요. 하늘의 맑은 구름과 거리의 가로수들과 산의 나무들, 우리가 공원에서 누리고 있는 모든 자연이 풍요다. 어쩌면 눈에 보이지 않는 것들이 더 풍요로운 우주라는 공간에서 이미 우리에게 충만하게 채워져 있다. 물질적인 풍요와 돈과 그 모든 걸 이루기 위해서는 긍정 확언할 때 단어 선택에 유의해야 한다. 지금의 상황과 너무 거리가 먼 단어들은 별로 마음속에 와 닿지 않아 거짓말이라고 인식한다.

차라리 작은 성공을 목표로 하여 그 성공을 쌓다 보면 큰 성공이 온다.

부자가 되고 싶은 사람들은 확언할 때 "나는 점점 더 부유해지고 풍요로워진다"로 확언을 하는 것이 좋다. 현재형이 지금, 이 순간에 진실이다. 지금 여기 이외에는 우주에 없다. 과거는 지나갔고 미래는 알 수 없으며 지금 오늘 여기 이 순간만이 진실이다. 잠재의식은 무엇이든 가능하게 하는 힘을 가지고 있다. 단 그 말이 자신 가슴 속 깊이 진실이라고 느낄 때만 실현된다. 부와 풍요, 성공, 성취라는 말은 존재로서 지금 살아있는 자체에서 느끼는 진실이기 때문에 오히려 그런 말을 긍정 확언 단어로 선택하는 것이 좋다.

잠재의식에 진실이라고 믿는 단어들을 선택에서 그 단어들을 고요히 읊조리는 것이 오히려 도움이 된다. 나는 이미 부자가 아닌데 부자라고 단정하는 것은 작은 성공을 쌓아 가는데 오히려 역효과가 난다. 항상 이렇게 확언하라. "나는 진실로 날마다 매일 모든 면에서 점점 더 부유해지고 풍요로워지고 있다." 잠재의식에 거짓말하지 말라.

1분 명상
자신감이 생기지 않을 때는 잠재의식에 거짓말하지 말라.

7
말과 상상력이 시합하면 상상력이 이긴다

　프랑스의 자기암시의 대가인 에밀 쿠에(Emile Coue)는 상상력이 중요하다고 말했다. 말과 상상력이 싸우면 반드시 상상력이 이긴다. 그래서 마음속 그림을 항상 날마다 매일 모든 면에서 점점 더 나아지도록 상상해야 한다. 오늘 못 하면 내일 할 수 있다. 내일 못 하면 모레 할 수 있다. 무엇이든지 잠재의식은 가능하다고 믿는 것들은 현실에 나타나게 한다. 반드시 어떤 시기와 때와 내면의 강한 욕구와 동기가 맞아서 큰 성공을 할 때가 온다.

　포기하지 말고 반드시 "잘될 거야"라는 말을 입에 달고 살자. 아무리 긍정의 배반이라는 책이 나오고 부정을 대비하고 낙관적으로 되면 안 된다는 사람들이 있지만, 성공은 반드시 잘 된다는 믿음에서 나온다. 스노우 폭스 김승호 회장은 사람들에게 강연할 때 언젠가 반드시 자신이 큰 성공을 할 날이 올 건데 그것이 언제일까를 항상 내면의 상상으로 떠올렸다고 한다. 그런데 큰 강연장에서 강연하면서 그 상상의 장소가 바로 오늘이라고 하면서 상상을 한 것이 이루어진 것에 대한 감회를 이야기했다.

가난한 이민자에다 완전히 망한 사업을 다시 일으킨 원동력은 "나는 지금 부자다"가 아니라, "나는 반드시 미래의 어느 지점에 크게 잘될 것인데 그게 언제지?"라고 질문을 하면서 RAS(Reticular Activating System), '라스'라는 두뇌의 망상활성화계에다 주입했다. 잠재의식이 그것은 진실이기 때문에 미래의 어느 지점에 큰 성공이라는 결과물을 명백하게 열매로 제시했다. 여러분도 할 수 있다. 말하는 방법과 상상하는 방법을 이 책에 제시된 대로 그대로 따라 해 보면 된다.

사람들은 노력이 늘 중요하다고 한다. 하지만, 어떤 사람들은 애쓰지 않고 편안하게 상상하고 행동함으로써 바라는 그 모든 것을 성취한다. 그런 사람들은 잠재의식을 잘 활용한다. 노력도 중요하지만, 노력만이 성공을 가져다준다는 것은 잘못된 방향으로 갈 수도 있다. 노력은 의지를 의미한다. 의지는 의도와 반대되는 결과에 대한 상상을 일으킨다. 그러므로 잠재의식이 중요한 상상력을 배달해주는 특혜를 입고 싶다면 오늘부터 확언을 할 때 잠재의식이 믿을 수 있는 것으로 바꾼다.

내면 깊은 곳의 의도에 맞는 확언과 상상의 등가물인 이미지를 찾아본다. 그 이미지 하나를 계속해서 마음속에 붙들고 있자. 동시성이 찾아오면 행동한다. 이것이 창조 공식이다. 먼저 잠재의식에 믿을 수 있는 암시를 준 다음, 그 암시와 관련된 상상의 정신적인 등가물을 하나 심장 속에 장착한 후, 가슴 떨리는 생각만 한다. 기분이 좋아지는 상상을 하면 반드시 몸도 치유된다. 꿈도 이루고 바라던 이상형도 나타난다.

> **1분 명상**
> 언제나 말과 상상력이 경기하면 상상력이 이긴다. 그러니 상상하라.

8
상상을 통해
구체적으로 기원하라

하루에 잠재의식에 명령하는 의식은 원하는 꿈을 이루게 하는 중요한 의례다. 습관적으로 하루에 3번은 반드시 자신 몸과 마음과 영혼을 이완하면서 다음과 같은 기원을 해보도록 한다.

직장에 다니면서 여유가 되지 않는 사람들은 파우더룸(powder room, 화장할 수 있도록 꾸민 방)이나 식사 후 조용한 자신만의 공간으로 가서 아무도 방해받지 않은 편안한 자세를 취한다.

육체적으로 긴장을 완전히 푸는 것이 잠재의식을 받아들이기가 가장 좋은 상태다 그래서 잠을 자기 전이나 아침에 일어날 때의식과 잠재의식의 경계가 모호할 때 기도나 상상 혹은 확언하면 좋다.

육체적 편안함이 잠재의식을 수용한다. 의식적인 노력과 애씀은 잠재의식이 받아들이는데 방해된다. 목표를 잘게 나누는 것도 꿈을 이루기 위한, 의지를 사용하지 않고 습관화하는 방법이다. 자동습관이 될 때까지 아주 쉽게 성취할 수 있는 정도로 목표를 잘게 나눈다. 자신에게 맞는 쉬운 행동 목표를 아주 간단하게 쪼갠다. 잠재의식이 행동을 하는지도 모르게 해야 한다.

1분 정도 자신에게 이렇게 중얼거리거나 종이에 적은 것을 읽어보자. 외울 때까지는 보고 한다. 엄청난 성공을 가져다주는 기원문을 읽기 시작한다.
"나는 지금 완벽히 편안한 상태이다. 나는 지금 완벽히 안전하고 편안하다.

나는 마음이 고요하고 침착한 상태로 삶과 조화를 이루고 있다. 나는 삶의 모든 면에서 균형을 이루고 있다. 나는 웰빙의 상태다. 나는 건강하고, 조화롭고, 풍요롭다. 나는 (꿈과 목표 진술 – 쓴다; 번다; 한다; 노래 부른다; 춤을 춘다; 아주 행복하다) 나의 글에, 연기에, 사업에, 제품에 서비스에 감격한 고객, 관객, 청중, 독자들이 우레와 같은 박수, 감동을 보내 준다. 내 마음속에는 평화로 가득하다." 잠들기 전에 중점적으로 기원하는 것이 좋다.

잠들기 전이 가장 좋은 상상력을 입력하는 시간이 된다. 꿈에서 기원과 관련된 아이디어를 잠재의식이 일어날 때 보여주기도 한다. 이런 기원문들을 확신하면서 읽다 보면 약 일주일 정도가 되면 잠재의식에 들어간다. 이런 기원문들이 엄청난 성공을 가져다 주는 잠재의식의 믿을 수 있는 거짓이 아닌 기원문이기 때문에 상상력과 암시가 잘 걸린다. 우리가 잠재의식에다 일반적으로 근원에서 나오는 진동의 말을 입력하면 우리는 근원에서 왔으므로 아무런 저항 없이 잠재의식은 받아들인다.

1분 명상
자기 전이나 하루에 세 번 잠재의식을 움직이는 상상의 기원을 하라.

9
강한 신념은
모든 꿈을 이루게 한다

　강하게 믿는 생각은 세상의 모든 창조를 가능하게 한다. 주위를 살펴보라. 자신의 목숨을 내놓고 꿈을 이루기 위해서 하루하루를 보내는 사람들의 모습에서는 거짓말이라는 느낌이 안 든다. 그의 신념은 하늘과 같고, 바다와 같아서 반드시 그것을 이루어내고야 말겠다는 어떤 알 수 없는 에너지가 눈에서부터 온몸으로 퍼져 나온다. 그런 사람들 옆에만 있으면 기운을 받을 수 있다.

　이 세상을 살아가는 사람들에게는 누구나 강력한 사고의 열매인 신념이 있다. 신념이란 사람들을 살아가게 하는 원동력이고 꿈을 꾸게 하고 그것을 이루게 하는 힘이다. 삶의 목적, 즉 그것이 부

(富)든, 성공이든, 일에서의 작은 성취든 그 목표를 달성하는 것은 신념을 어떻게 활용하는가에 달려 있다. 정치가, 작가, 화가, 운동가, 기업가 등 우리가 흔히 위인이라고 말하는 사람들의 삶을 살펴보라. 그들의 삶은 그들이 믿고 절대로 의심하지 않는 신념에 근거한 행동으로 되어 있음을 발견할 수 있다.

예를 들자면, 오프라 윈프리(Orpah Winfrey)는 어린 시절 가난으로 전혀 관심과 돌봄을 받지 못하고 자랐다. 9살에 사촌오빠에게 성폭행당했다. 삼촌의 친구들까지 가세해서 여성으로 사는 삶을 끝낼 수도 있었을 수치를 경험하였다. 불행한 삶을 당연한 것으로 받아들였다. 이런 어두운 상황에서 마약, 술, 담배, 자살 충동 등 보통의 사람들이 겪지 못한 숱한 어려움을 겪었다. 하지만, 오프라 윈프리는 "결국 나는 행복하게 될 거야"라는 신념을 놓지 않았다.

정말 이 어두운 고통의 터널을 빠져나오고 싶다는 간절한 소망을 품었다. 단 한 번이라도 행복한 순간을 느끼고자 도전을 시작하기로 결심했다. 인근에 있는 고등학교에 진학했고, 온갖 노력을 해서 19살에 라디오 프로그램을 진행했다. 지역 뉴스 공동 캐스터로 취직하였으나, 감정을 실어서 방송했다는 이유로 해고당했다.

스트레스성 폭식, 사랑했던 남자친구와 헤어짐으로 인해 살이

110kg까지 쪘다. 도저히 안 되겠다는 상황이 닥치자 자신의 신념을 완전히 바꾼다. 긍정으로 모든 것을 끌어당기겠다는 신념을 가진다. 잠재의식을 바꾸기 위해 자연으로 가서 걸으면서 새로운 잠재의식을 편성했다.

새로운 방송국에 감정을 실은 즉흥적인 방송이 많은 사람의 공감을 사게 되고, 하루 700만 명이 보는 오프라 윈프리 쇼의 진행을 하게 된다.

자신의 쇼에서 질문을 받으면 확신과 신념에 차서 대답했다. 모든 것을 끌어올 수 있는 잠재의식의 힘을 제시했다. 돈이 다 떨어지면 다시 그만큼 벌 자신이 있다는 확신을 했다.

그녀는 밝은 빛이 있는 세상으로 나갈 것이라고 다짐했다. 많은 사람에게 행복을 주는 세상에서 가장 영향력 있는 여성 1위가 된 것도 우연의 힘이 아니라 신념의 힘이다.

1분 명상
잠재의식에 강한 신념을 새기면 세상도 움직일 수 있다.

10
신념은 상상을 실현시킨다

　역사적으로 위대한 종교 지도자 혹은 제왕, 군인, 정치가들은 사고력, 즉 신념의 힘을 믿었기 때문에 위대해질 수 있었다. 인간은 누구나 태어나자마자 스스로 가치를 증명할 수 있도록 모든 위대한 조건을 갖춘 잠재의식이 활동한다. 무한 지성이 우리의 모든 것을 알고 있고, 모든 것을 다 이루도록 도움을 주는데 이때 강력한 사고의 방법이 신념이다.

　신념의 반대는 의심이다. 꿈이 이루어질까 아닐까 의심하는 마음은 잘 가던 길을 뒤로 갔다가 또다시 앞으로 가고 또 뒤로 가기를 반복하여 목적지에 도달하는 시간을 더디게 한다. 남아선호 사상이 만연했던 시절 나이팅게일(Nightingale)은 여자로서 간호하는 일은 사회적으로 아주 중요하다고 생각했다. 간호 학교에 입학하여 복도 청소부터 시작하여 간호하는 일에서 뛰어난 재능을 보였다. 당시 여성을 경시하는 풍조에 아랑곳하지 않고 자신의 신념을 관철하여 간호법을 창시하였다.

그녀의 신념은 크림전쟁 당시 야전 병원의 일을 도맡아 하면서도 힘들고 지친다는 생각 대신, 반드시 간호법을 제정하여 간호학을 만들어 후대에 큰 의료계의 발전을 이룩하는 계기가 되었다. 그녀의 신념은 간호란 힘들고 천한 일로 인식되었던 생각을 바꾸게 했다. 간호는 누구나 인정하는 신성한 직업이라고 신의 경지의 직업으로 끌어올렸다.

인류가 처음으로 세상에 존재하기 시작할 때부터 위대한 신념 덕분에 위대한 지도자가 탄생하게 되었다.

신념은 그 어떤 것도 상상하여 이루게 하는 힘이다. 파라셀수스(Paracelsus)는 유명한 의사로 널리 인정받았는데 다음과 같은 말을 했다.

"인간의 정신은 그 누구도 막을 수 없는 위대한 힘이다. 그 정신을 올바로 사용하기만 한다면 세상에서 해내지 못할 것은 없다. 신념의 힘이 강해지면 상상력이 작동하기 시작하고 꿈은 이뤄진다. 의심은 상상의 실현을 방해한다."

자신이 바라는 것은 무엇이든 간절한 소망 하나를 뽑아서 상상하자. 거기에 신념을 더하면 이 세상 모든 것을 움직여서라도 신념을 이룰 수 있다. 이 법칙은 자연의 법칙이다. 민들레꽃이 피기 위해서 민들레가 의심하던가? 반드시 씨앗이 공기 중에 날아서 흙에 뿌려진 뒤, 적절한 온도와 공기 바람과 물, 공기가 더해지면 때가 되면 아름다운 노란색 꽃이 나온다.

그러면 사람들이 이렇게 강한 생명력을 뚫고 꽃이 핀 아름다운 민들레의 꽃을 보며 기뻐한다. 씨를 후 불고 또다시 다른 곳에서 신념의 씨앗이 발아하기 시작한다.

> **1분 명상**
> 신념은 상상을 실현한다.

11
자신의 꿈에
절대적인 확신을 가져라

 자신의 꿈이든 목표든 일단 정하기만 하면 잠재의식이 움직이기 시작한다. 가까운 미래의 일이든 지금 당장 앞에 놓인 일이든, 일단 목표를 잡았다면 그것에 대한 절대적인 확신을 지녀야 한다. 확신은 신념과 똑같은 말로, 자신의 신념을 확실히 하여 확고부동하게 마음속 이미지로 새겨 절대로 바꾸지 않으면 반드시 이루어진다.

 프랑스의 철학자 쥬프로아는 잠재의식의 믿음에 관해서 다음과 같이 말했다.
 "잠재의식은 그것을 믿지 않는 사람들을 위해서는 절대로 일하지 않는다. 바꿔 말하면, 잠재의식은 그것을 믿고 확신하는 사람들에게는 반드시 밤낮으로 일한다."

여러분이 희망이나 요구사항, 욕구, 꿈, 목표 등을 잠재의식에 전달하면 이미 그 일을 성취한 자신 모습을 마음속에서 상상할 수 있어야 한다. 이때 핵심은 그 마음속 상상이 막 가슴이 떨리고 설레서 첫사랑을 할 때의 느낌이다. 연애할 때의 감정이 느껴지느냐는 것이다. 만약 그 상상을 위해서 목숨을 바쳐도 좋고, 다른 어떤 것도 필요하지 않고, 오직 그것이 나의 인생의 사명이라고 생각이 되면 그 꿈의 이미지는 100% 아니, 1,000% 이루어지게 되어있다.

이것은 자연의 법칙이다. 존재 이유를 아는 사람들은 어떠한 역경이 와도 그것에 굴복하지 않는 확신과 신념이 있다. 그리고 매일 아침 일어날 때 거울을 보면서 "나는 뭐든지 할 수 있어. 반드시 해낼 수 있어. 나는 너를 믿어."라고 하면서 스스로 최면이나 암시를 건다.

잠재의식은 그 주인 의식의 명령을 받아 곧 성공이라는 결과를 얻게 해준다. 커다란 꿈을 그리고 이미 이루어진 느낌을 매일 아침 받기 때문에 성공자가 된 기분으로 등을 펴고 움직이고 기회에 민감하고 귀인을 알아볼 수 있으며, 게으르지 않고 행동하게 되니 원하는 모든 꿈을 이룬다.

절대로 서두르지 않고 믿고 맡긴다. 그러면 잠재의식이 이미 주문해 둔 꿈을 적절한 때와 장소와 시간과 사람 순서로 보내준다. 잠재의식을 부릴 줄 아는 사람들이 주변에 있는가.

없다면 찾아가서 그들 곁에만 있어 보라. 에너지가 철철 흘러넘쳐 자신의 꿈을 이루는 방법을 저절로 찾도록 인도해 줄 것이다. 직접 가서 만나라. 이미 이 세상에 없는 사람들이라면 책이나 예전에 녹음된 강연을 거듭 찾아서 꿈이 이루어질 때 까지 보라. 그것이 잠재의식의 해답을 빨리 받는 방법이다.

> **1분 명상**
> 꿈이 확실하다면 흔들리지 말고 뒤도 돌아보지 말고 앞으로 가라.

12
스터디 카드를
항상 주머니에 들고 다니자

자신이 바라는 것의 간절함과 신념이 확실하다면, 바라는 것들의 목록을 적은 카드를 한 장 만들어서 매일 주머니에 넣고 다니면서 읽는다.

누군가는 명함 크기라고 이야기하고, 종이면 된다고 하고, 누군가는 A4 용지, 일기장, 포스트잇 등 아무런 용지여도 좋다고 한다. 하지만 두꺼운 용지의 카드 두께는 물질의 끌어당김의 힘을 강하게 만든다. 가벼우면 휴지처럼 버려지기 쉽다.

아예 바라는 것의 목록을 적은 꿈의 카드를 제작해서 여러 군

데 붙인다. 주머니와 자동차 계기판, 휴대폰, 컴퓨터, 욕실 거울, 냉장고, 싱크대, 불을 켜는 스위치, 현관문, 신발장, 회사의 사물함, 휴대폰 뒤의 투명한 공간, 가방, 다이어리, 침대, 천장, 자신이 확언하는 거울, 항상 인지할 수 있는 장소이면 어디든지 붙여둔다. 잠재의식은 자주 보지 않으면 다른 생각들과 사념들이 와서 간절히 바라는 목표를 방해할 때도 있다.

진정으로 바라는 것이 확실하다면 그것들을 적어서 카드 크기, 가장 좋은 것은 우리가 중학교 때 영어 단어 외우기 위해서 항상 들고 다녔던 스터디 카드 크기(124×80mm)가 가장 좋다. 지갑에 넣고 다니기도 편리하고 읽고 수정하기도 편리하다. 명함 크기는 글씨가 작아서 잘 안 보인다.

여기서 중요한 것은 자신의 꿈이나 목표를 상상할 때 구체적인 물질세계에서 볼 수 있는 단단한 용지의 카드를 들고 다니는 것이다. 꿈을 이룬 사람들의 공통점이다.

이때, 바라는 것이 절실해야 한다. 자신이 무엇을 원하는지 확실하게 정하지 않은 사람들은 꿈을 적은 카드 종이를 들고 다니지도 않을뿐더러 잊어버리더라도 찾지 않고 방치하게 된다. 그러면 잠재의식은 꿈을 영영 저 먼 미래로 던져 버린다.

또한 오늘은 이것을 원하지만, 내일은 또 원하는 것이 바뀌면 카드에 적은 것이 소용이 없어진다. 아주 간절하게 원하는 것을 잠재의식은 활동할 준비를 한다.

하나의 뚜렷한 욕구가 다른 어떠한 사소한 요구를 몰아내어 그것에만 집중하게 하지 못한다면 그 뚜렷한 욕구는 자신의 것이 아니다. 타자의 욕구일 수 있으니 생각만 해도 가슴이 떨리는 목표들을 적어 내려가자.

꼭 이루고자 하는 목표가 있어야 한다. 꼭 이루고 싶은 목표가 하나 정해졌다면, 그 목표가 최대의 욕구임을 확신하고 신념이 가득하여 절대로 물러서고 싶은 마음이 없다면, 그때야말로 이제 스터디 카드에다 그 목표를 적을 순간이 왔다.

한 장의 카드 위에 소망을 써 넣되 가능한 간단한 단어 10자 이내로 적는 것이 좋다. 잠재의식은 5세 아이도 알아들을 정도로 쉬운 언어로 인식한다. 가능한 한 간단하게 꿈이 이루어졌을 때의 모습을 알아볼 수 있도록 쉬운 언어로 적는다. 기록한 것을 매일 쳐다볼 수 있는 곳에 붙여 두고 하루에도 수백 번씩 그것에 대해 생각해야 한다. 아무리 가까운 친구라도 그 목표를 이야기하지 말아야 한다. 남에게 말하면 잠재의식의 힘이 분산되기 때문이다.

1분 명상

항상 꿈의 스터디 카드를 주머니에 들고 다니자.

13
자신의 소중한 꿈을 Naysayers(비관론자)에겐 비밀로 유지해라

　잠재의식은 인상이 바로 새겨지면 작동한다. 하지만 큰 포부를 가지고 항해하러 가는데 비관하는 사람이 배에 한 명이라도 타면 배가 제대로 작동하지 않는다. 성공자들은 이를 철저하게 막는다. 만약 비판하거나 비관하는 사람들이 있다면 애초에 배에 태우지 않는다. 마스터마인드(Mastermind)의 사람들은 어떤 목표를 향해 한 배를 탄 사람들이다. 공통의 목적을 위해 큰 힘을 합해서 언제든 "할 수 있어" 정신을 외치는 사람들이 모여야 한다. 하지만 비관론자들과 함께하면 배가 난파당할 수 있다.

　목표를 세울 때에는 항상 비밀을 유지해야 한다. 성공한 사람들은 30년 40년의 고된 세월을 겪은 후에 그 성공 비밀을 사람들에게 공개한다. 그전에는 절대 공개하지 않는다.

완벽히 신뢰할 스승이나 멘토 외에는 절대로 공개하지 않는다. 만천하에 공개하라고 하는 분들은 이미 성공했기 때문에 그런 말을 하는 것이다. 자신을 지지해주는 사람들도 잠재의식에는 시기 질투의 에너지가 있다. 무의식이 이 에너지와 접속하면 꿈은 사라진다. 자신을 지지해줄 절대적인 긍정의 사람이 아니라면 절대 자신의 목표를 발설하지 말라. 이것은 철칙이다. 목표를 이루고 나서 발설해도 좋다. 그 과정은 자신만의 성공 신화를 만들기 위해서 철저히 비밀로 해야 한다. 이것이 잠재의식의 제1 법칙이다.

누군가에게 자신의 목표를 발설하면 그 순간 이미 잠재의식은 전능자에게 의뢰하기를 멈춘다. 내부의 에너지가 행동으로 전환하는 것을 방해한다. 누가 어떤 사람인지 어떻게 알겠는가. 마음의 작용은 아주 심오하고 광대하고 묘한 이치라서 알 수 없다. 발설을 들은 사람들이 그 꿈을 질투할 수 있다. 잠재의식은 질투와 비난, 불평, 반대 등 그 밖의 부정적인 말들도 그대로 받아들인다. 그러니 목표에 불어넣는 에너지를 없애버리는 꼴이 되지 않기 위해서라도 목표는 비밀에 부치는 것이 좋다. 결과적으로 목표를 발설하면 목표의 성취를 지연시키거나 방해받을 수 있다.

목표를 비밀로 하는 이유 중 가장 중요한 것은, 비관론자에게 발설하면 목표를 달성하기 전에 그들이 계속 무의식 속에서 "거봐 그럴 줄 알았어!"라고 비난할 것이다. 그러면 이야기를 안 하는 것이 좋을 뻔했다고 후회할 것이다. 배가 한 곳으로 가지 못하고 자꾸 다른 방향으로 간다. 이정표를 세우고 목적지를 올라가기 위해서는 오직 자신의 잠재의식과 대화하라.

아마존 최고 경영자 제프 베이조스(Jeff Bezos)도 "여러분이 무슨 일을 할지 다른 사람들에게 말하지 마라, 목표를 이루고 그들을 놀래주고, 그런 다음 조용히 침묵한 다음, 다음 목표를 향해 전진하라."라고 말했다. 큰 꿈을 이룰 사람들은 진중해야 한다. 침묵이 때로는 최고 잠재의식의 성공 도구일지도 모른다.

> **1분 명상**
> 아주 큰 꿈을 이룰 사람들은 목표를 반드시 비밀로 유지하라

14
"나는 운이 좋다"라고 말하라

부(富)를 끌어당기는 마법의 주문은 "나는 운이 좋아"이다. 이 말은 부자들의 무의식 깊이 박혀 있다. 성공한 사람들이나 큰 부를 이룬 사람들이 공통으로 하는 말은 바로 "운이 좋았습니다"이다. 이 말은 마법의 언어다. 세상에서 가장 큰 부자들은 이 말의 느낌을 잠재의식 깊이 24시간 테이프처럼 틀어놓는다. 의식하는 마음과 의식하지 못하는 마음, 무의식이 함께 힘을 합하여 운이 좋아지는 말을 하면 기적 같은 일이 일어난다.

마법이란 우리가 의식하지 못하지만, 자연에는 기적 같은 일이 일어난다. 라디오나 텔레비전에서 나오는 소리 진동은 우리가 알

수는 없지만 어딘가에서 전문지식이 없어도 작동한다. 스위치를 누르면 라디오의 소리가 들리고, 텔레비전도 볼 수 있다. 사람들은 보이지 않는 힘이 마법이라고 생각하지 않는다. 기적인데 말이다. 만약 이런 물품들을 2000년 전의 사람들이 본다면 반드시 마법처럼 생각할 것이다. 마찬가지로 여러분의 모든 문제는 2,000년 후에는 이 세상에서 사라진다. 모두 상대적이다. 하지만 확실한 것은 잠재의식이 모든 것을 만들어낸다는 것이다.

일본의 최고 부자인 사이토 히토리(((Hitori Saito)는 납세액이 사업소득으로만 수백억이 넘는다.
아직 하루에 1,000번 계수기를 누르듯이 "운이 좋아. 운이 좋아. 운이 좋아. 운이 좋아." 이렇게 외친다.

이것이 신비한 마법처럼 들리는가. 말의 힘이란 보이지 않는 전기가 우리에게 흘러들어오는 것과 같다. 말의 파동은 제일 먼저 그 소리를 듣는 자신에게서 파동을 내뿜는다.

잠재의식은 거대한 우주다. 모든 정보가 평행 우주에 다 들어있다. 그중 자신에게 운이 좋다는 말을 들려주면 잠재의식은 모든 정보 중에서 운이 좋은 일을 배달한다.
잠재의식은 100톤의 배라도 선장이 키를 잡아서 움직이면 목적지까지 아주 잘 간다. 잠재의식의 목적지를 운이 좋게 행복하게 도착하는 여행이 되도록 항상 심층 의식에 "나는 운이 좋아"라고 말하라. 만약 선장이 의심하여 "이 배를 내가 어떻게 움직이겠어?"라고 말하면 너무 이상하지 않을까? 운이 좋아 부자가 되는 길은 몰라도 된다. 일단은 말로 해보라. 의심하지 않는 것이 중요하다.

일본의 마쓰시타 전기 창업자인 마쓰시타 고노스케(Konosuke Matsushita)는 신입사원 면접 때에 반드시 이런 질문을 한다.

"○○○ 씨, 당신의 인생은 지금까지 운이 좋았다고 생각합니까?"

"운이 좋았습니다."라고 대답한 모든 사원은 채용했다. 고노스케도 이렇게 긍정적인 사람들이 성과도 좋고, 감사할 줄 안다는 것을 알기에 '운이 좋은' 사람들을 뽑았다. 이렇게 대답하는 사람들의 심층 의식, 즉 잠재의식에는 '내 힘만이 아니라 타인의 도움이 있기에 가능하다는 감사의 마음'이 항상 있다. 그들이 과장이 될 무렵에는 마쓰시타의 황금기에 돌입했다고 한다.

> **1분 명상**
> 온종일 "나는 운이 좋아"를 노랫말 후렴구를 만들어 불러 보자.

15
자기 전에 "이 모든 것을 잠재의식에 맡긴다"고 말하고 자라

　인간은 수많은 선택지를 고르면서 산다. 하루에도 수없이 많은 결정을 하고 선택한다. 그런데 어떤 때에는 자신에게 무엇이 가장 올바른 선택인지 모를 때가 많다. 그럴 때는 잠들기 직전에 고민하는 문제를 종이에 적고 이 모든 문제를 "잠재의식에 넘긴다"라고 말하고 잠든다. 아침에 잠재의식이 대답해줄 것이다.

　이 말의 덕을 본 사람은, 잠재의식 전문가인 조셉 머피(Joseph Murphy) 박사이다. 2차 세계대전이 일어나기 전에 박사는 일본에서 좋은 조건으로 일해달라는 제의를 받았다. 그런데 먼 곳까지 가는 결단이 옳은 것인지 선택의 갈림길에서 잠재의식에 넘겼다. 이렇게 자기 전에 올바른 해답을 달라고 잠재의식에 기도했다.

"나의 내면에 존재하는 무한 지성은 모든 것을 알고 있습니다. 올바른 신의 질서에 따라 무한한 지성이 새로운 일자리에 대한 올바른 선택을 내려줄 것을 기대하고 있습니다. 그에 대한 답이 나타나면 그 결정을 인정하고 받아들이겠습니다."

조셉 머피 박사는 자기 전에 이 간단한 기도 문구를 자장가처럼 반복해서 읊었다. 그러자 3년 뒤에 일어날 일이 꿈에서 생생하게 보였다. 박사의 오랜 친구가 꿈에 나와서 이렇게 말했다.

"뉴욕타임스의 머리기사를 읽도록." 그리고 이렇게 계속 말을 했다고 한다. "반드시 절대 가지 말아야 해." 그리고 계속해서 말을 했다고 한다. "그 제안을 거절해라. 친구야."

꿈에 나타난 신문의 머리기사는 일본이 1941년 12월 7일에 미국 하와이주 오아후섬 펄 하버에 정박해 있던 미 태평양 함대를 기습 공격한 사건이다. 진주만 공습은 꿈속에서 친구가 조셉 머피 박사의 생명을 구해준 잠재의식의 암시였다. 1938년에는 그런 공습 계획이 없었는데도 잠재의식은 그 모든 일들을 다 알고 있다.

무한 지성에게 선택의 올바른 결정을 내리도록 맡기고 자면,

아침에 일어날 때 자신에게 가장 올바른 것이 무엇인지 알 때가 많다. 종종 잠재의식의 답은 노랫말로 들리거나 특정 이미지와 친구, 조부모, 가족, 기타 등등이 보여준다. 조셉 머피 박사는 신뢰하고 존경하는 사람들이 자주 등장한다고 했다.

잠재의식은 무슨 일이든 가능하게 하므로 거기에 맡기고 지시를 따라보라. 생각지도 못한 기적이 일어날 수도 있다.

아침에 눈을 떴을 때 아이디어가 떠오른다면 기록한다. 그것이 여러분들을 올바른 길로 이끌어줄 단서가 될 수 있다.

> **1분 명상**
> 잠이 들기 전에 "이 모든 일을 잠재의식에 맡긴다"라고 말해보자.

16
신호를 만들어 신비로운 해결 방법을 잠재의식에 새기자

 잠재의식은 문제 해결이나 꿈이 이미 이루어진 상징을 좋아한다. 성공했을 때 취할 행동을 나타내는 신호를 만들어 보자. 네빌 고다드(Neville Goddard)도 상상의 힘에서 이미 이루어진 상태에서 사는 것을 강조했다. 이미 원하는 것이 이루어진 상태를 상상할 수 있는가. 원하는 것을 생각하는 것보다 이미 그 일이 이루어져서 그 현실 속에서 살고 있을 때 우리가 취할 행동을 하나의 신호로 만들어 본다. 산에 올라갈 때 이정표를 보고 가는 것처럼 명확한 목적지를 정한다. 우리가 원하는 목적지가 어디에 어떤 형태로 되어 있는지 상상이 되어야 한다.

 조셉 머피(Joseph Murphy) 박사는 땅을 사고 싶은 사람이 고민하고 있어서 조언해주었다. 내담자가 주인과 자신이 사고 싶은 땅을 안 내놓아서 실랑이는 벌인다고 말했다. 박사는 자신의 경험담을 이야기해 줬다. 조셉 머피 박사는 집을 팔 때 〈집 팔아요〉라는 말뚝을 뽑는다고 조언해주었다.

마을에 축제가 한창이었다. 내담자는 축제의 장식물을 세우기 위해 기다란 말뚝을 땅에 꽂고 있었다. 그때 문득 말뚝을 뽑는다는 박사의 말이 생각났다. 자신이 땅에 꽂는 말뚝을 자신의 땅이라고 선포하는 상상을 했다. 이 상상을 되풀이하자 안 판다는 땅을 땅 주인이 내담자에게 팔았다. 말뚝을 꽂는 상상은 꿈의 결과의 이정표이다. 그 땅이 내담자의 것이라는 느낌이 강하게 왔다.

항상 꿈이 이루어진 형태의 정신적 등가물을 정하라는 머피 박사의 조언을 귀담아들었다. 머피 박사도 집을 팔 때 집이 하루 만에 팔려서 말뚝을 뽑아서 땅으로 패대기를 치는 그 행위를 상상으로 강하게 했고, 집을 내놓자마자 팔려서 이렇게 간단한 잠재의식의 원리를 항상 적용해 보았다.

우리 가족도 양평에 있는 전원주택에 이사 갈 때 이런 방법을 사용했다. 간절히 바라는 말도 안 되는 아름다운 비싼 주택 마당 잔디에서 네 식구가 행복하게 노는 장면을 상상했고, 그림에는 없는 강까지 마지막 상상의 결과를 떠올리고 그 감정을 생생하게 느낀 결과, 신비하게 그런 집이 그대로 나타났다. 오히려 더 좋은 집이 나타났다. 그때부터 바라는 것이 있으면, 항상 잠재의식에 이정표를 세운다. 아주 간단하게 잠재의식이 알아듣는 5세 언어로 그림으로 생생하게 상상이 되는 단어를 심장에 새긴다.

그러면 예외 없이 곧 그런 상상의 결과들이 나타난다. 항상 명상을 통해서 바라는 것들이 이루어진 모습을 그려보고 부동산이든 땅이든, 돈이든, 명예든, 원하는 직업이든, 직위든 뭐든지 다 알고 있는 무한 지성인 잠재의식을 한 번 믿어보고 상상해 보라. 간단하게 적은 것에서 시작해도 좋다.

무엇이든지 잠재의식은 답을 줄 것이다. 상상할 때 몸의 어느 부분에서 오싹한 느낌이나 전율이 오면 그 꿈과 상상은 곧 온다는 뜻이다. 그러므로 가슴 뛰는 상상을 즐기는 편이 좋다.

1분 명상
잠재의식에 꿈이 이뤄진 정신적 등가물인 이정표를 세우자.

17
잠재의식은 받아들인 그대로를 현실화한다

우리는 어떤 농담이나 거짓말을 하는 것을 들을 때 기분이 그냥 안 좋다. 이유는 잠재의식이 그 농담이 들어가면 좋지 않은 일들을 그대로 현실에 나타나게 한다고 경고하는 것이다. 잠재의식은 그대로 한 말을 받아들여 실현한다. 그 느낌이 좋으면 좋은 감정으로 안 좋으면 안 좋은 감정으로 느끼게 해준다. 이것이 신호다.

잠재의식은 마음속에 감정으로 강하게 받아들인 것은 곧 실현한다. 그러므로 잠재의식에 타인에 의한 짓궂은 농담이나 거짓이 들어가서 현실에 나타나는 걸 막아야 한다. 잠재의식은 판단하거나 논리적으로 추론하는 기능이 전혀 없다. 마음속에서 이루고야 말겠다고 생각한 것은 그대로 현실에 보여준다.

잠재의식의 대가 루이스 헤이(Louise L. Hay)는 사람들이 모르는 잠재의식에 대해서 잘 설명한다.

"우리가 떠올리는 모든 생각과 말하는 모든 단어가 미래를 창조합니다."

그녀는 간단하게 이 말과 생각을 확언이라고 말하고 좋은 생각과 말은 긍정 확언, 나쁜 생각과 나쁜 말이나 기분 좋지 않은 생각과 말을 부정 확언이라고 정의 내렸다. 끌어당김, 이전에도 루이스 헤이는 스승인 에스터 제리 힉스(Esther & Jerry Hicks)에게서 아브라함의 메시지를 듣고 그것이 우주의 근원임을 이해했고, 자신의 어린 시절의 부정적인 모든 확언을 긍정으로 바꾸어 운명을 크게 좋은 쪽으로 바꾸었다.

《와칭》의 저자인 김상운 작가는 우리가 만약 생각을 모두 긍정으로 바꾸면 태어난 때와 운명 이런 것과 상관없이 운명을 크게 긍정으로 바꿀 수 있다고 했다. 우주에는 무한한 가능성이 존재하기 때문에 먼 곳에서 자신을 객관적으로 바라보는 관찰을 하면 텅 빈 나만 남고 아무것도 없으므로 그곳에서 새로운 창조가 일어난다고 말한다. 항시 인생의 밝은 면을 바라보면 운명이 바뀐다.

그러니 이미 운명은 정해져 있다고 생각하지 말라.

잠재의식의 대가들은 그대로 잠재의식에 명령을 내리면 새 운명이 창조된다고 말한다.

새로운 생각이 그 자리에서 관찰자로 바뀌어 새로운 현실을 창조한다. 만약 현실에서 행복해서 어쩔 줄 모를 때의 자기도 바로 관찰자인 나이다. 또 느낌이 안 좋고 불행해서 미칠 지경일 때의 자기도 관찰자인 나인 것이다. 뭔가 좋은 걸 생각하거나 나쁜 일을 생각하고 있는 그 순간이 바로 현실의 나이다. 어떤 생각을 하던 그 자리에서 잠재의식은 그대로 받아들여 실현하니, 무슨 생각을 선택하겠는가? 인생에서 좋은 것을 끌어당기고 싶으면 바로 긍정 확언한다. 지금 당장 기분 좋아지는 생각을 선택하지 않으면 미래에 좋은 것들이 창조되는 것을 막는다.

소중한 시간을 부정 확언하는 데 낭비하지 말자.

'잘 안될 거야.'

'나는 진짜 되는 일이 없어.'

'재수가 되게 없네.'

이런 말은 이제 금지어다.

1분 명상

잠재의식에 오직 긍정 확언만 새긴다. '나는 잘될 거야' 지금 외치라.

18
잠재의식의 대가들은
오직 된다고 생각한다

우리나라의 잠재의식의 대가인 성공한 여성 경영자의 10가지 긍정 확언을 소개한다.

① 안 된다는 생각을 버려라. 나는 된다.

② 큰 목표를 가져라. 나는 크게 된다.

③ 일에 착수하면 물고 늘어져라. 나는 끝까지 해낸다.

④ 지나칠 정도로 정성을 다하라. 나는 될 때까지 정성을 다한다.

⑤ 이유를 찾기 전에 자신의 마음속에서 원인을 찾아라. 나는 잠재의식을 바꾼다.

⑥ 항상 겸손하고 친절하게 행동해라. 나는 겸손하고 친절하다.

⑦ 독서하고 자료를 뒤지고 기록을 남겨라. 나는 잠재의식에 성공 습관을 만든다.
⑧ 무엇이든 숫자로 파악하라. 나는 잠재의식에 원하는 이미지를 선명하게 그린다.
⑨ 철저하게 습득하고 소통하고 확인하라. 나는 잠재의식을 통달한다.
⑩ 항상 생각하고, 확인해서 신념을 가져라. 나는 잠재의식에 숙달한다.

만약 성공하고 싶은가. 이 성공자의 신념대로 한번 매일 살아보라. 이분은 우리나라에서 가장 존경받는 〈준오 헤어 Juno Hair〉의 강윤선 대표이다. 긍정의 대가로 만나서 이야기를 나누어보면 어디에서 힘이 나오는지 모를 정도로 에너지가 철철 넘친다. 그녀의 이야기에서 부정 언어, 말, 생각은 전혀 찾으려야 찾을 수가 없다. 옆에 있는 비서도 똑같이 그녀와 닮았다. 잠재의식은 비슷한 파동을 가진 사람들을 끌어당기거나 자신의 에너지를 주위 사람들에게 전염시키는 에너지다. 아주 강력하다.

생각이 바로 열매를 맺는 씨앗이다. 그녀의 사옥 계단에는 긍정 확언으로 벽면을 장식해 놓을 정도로 잠재의식을 통제해서 원하는 성공만 하게 만든다. '나는 나를 사랑한다. 나는 내가 너무 좋다….' 등등, 한 번 미용실을 가서 무슨 확언이 적혀 있는지 조사해 보라.

쌀 속에는 탄수화물과 그 외의 화학 성분이 있다. 볍씨를 논에 뿌리면 콩이 안 나오고 예외 없이 쌀이 나온다. 이것이 바로 잠재의식의 법칙이다. 성공하고자 한다면 오직 잠재의식에 원하는 바를 심는다. 매일 부정적인 생각과 말을 심으면서 다른 결과를 바라는 것은 아인슈타인(Einstein)이 말한 것처럼 정신이 나간 짓이다. 말이 안 된다.

이렇게 성공자들은 매일 자신의 주위를 긍정으로 채워서 부정을 얼씬도 못 하게 잠재의식을 부릴 수 있는데 자기 계발에 관한 책을 읽고도 그대로인 분들은 핵심을 이제부터 반드시 알고 가야 한다. 잠재의식에 반드시 좋은 씨앗을 먼저 뿌리는 것이 좋은 현실을 위한 필수조건이다.

1분 명상
잠재의식에 먼저 긍정 확언을 심는다.

19
잠재의식을 정복하라

잠재의식은 인간의 거의 모든 행동의 원인이라고 해도 좋다. 95%가 잠재의식이고, 현재 의식이 5%이다. 우리는 잠재의식에 각인된 이미지대로 살고 있다. 빙산 아래에 잠재의식이 가라앉아 있다. 수면 위에 떠 있는 보이는 부분인 현재 의식은 아주 작은 부분에 속한다. 잠재의식을 이용하면 어떤 것이라도 가능하다. 잠재의식은 말보다는 이미지에 더 잘 반응한다. 감정이 담긴 것에는 더 잘 반응하는 우뇌에서 잠재의식을 조종한다. 잠재의식은 반복하면 할수록 현실에 더 빨리 나타난다.

소설 《갈매기의 꿈》을 쓴 리처드 바크(Richard Bach)는 잠재의식의 대가다. 작품 속의 주인공을 통해 잠재의식에 꿈을 새기면 반드시 이루어진다는 메시지를 전한다. 먹이를 먹기 위한 목적으로 비행하는 갈매기 무리가 아닌, 불가능한 목표를 이루는 데 목적을 두는 조나단 리빙스턴(Jonathan Livingston)은 꿈을 멋지게 썼다. 상상한 것에 따라 행동하면 이루어진다는 소설의 교훈은 잠재의식을 잘 표현하고 있다. 리처드 바크도 《갈매기의 꿈》을 처음 자비 출판했을 때는 주목을 받지 못했다.

하지만 기적 지도를 믿고 끊임없이 자신의 작품이 세상 사람들에게 인정받는 날이 오리란 사실을 잠재의식에 각인시켰다. 계속해서 상상을 놓지 않았다. 책이 출간된 지, 9년 만에 캘리포니아 연안에 히피족들에게 읽히면서 세계적인 인기 도서가 되었다. 리처드 바크(Richard Bach)는 책이 수많은 사람에게 읽히는 상상을 한시도 놓지 않았다. 잠재의식에 심은 상상은 리처드 바크를 배신하지 않았다. 절대 꿈을 버리지만 않으면 반드시 그 꿈은 잠재의식을 움직여 불가능을 가능케 할 것이다.

또 다른 잠재의식의 대가, 프랑스 자기 암시요법의 창시자인 에밀 쿠에(Emile Coue)는 다음과 같이 말한다.

"말과 상상력이 싸우면 반드시 상상력이 이긴다. 만약 말과 상상력이 손을 잡게 되면, 그 힘은 단순히 합쳐지는 것이 아니라 상승효과를 일으킨다."

"날마다 모든 면에서 점점 더 나아진다"라는 자기암시 요법을 통해서 매일 잠재의식에 반복한 말들과 상상이 세상의 모든 불가능을 가능하게 만들었다. 상상도 하고 말도 같이 해서 무의식의 모든 부분을 더 좋게 만들어 버린다. 잠재의식의 대가들은 이 요점을 알기 때문에 절대로 잠재의식에 원하지 않는 상상과 이미지와 말을 떠올리지 않고 오직 자신이 바라는 것만 상상하고 말로 하여 꿈을 이루었다. 잠재의식은 반복적으로 떠올리고 될 때까지 상상을 지속하면 반드시 이루게 해준다.

여러분은 지금 어떤 상상을 하는가. 온종일 자신의 꿈과 관련된 것들로 주위를 채우는가. 아니면 원하지 않는 상상만 반복하는가. 지금의 감정과 생각을 항상 알아차리고 주시하고 관찰함으로 인해서 잠재의식의 마스터가 되자.

1분 명상
잠재의식에 어떤 생각을 심고 있는지 잠재의식 마스터가 되어라.

20
승리는 잠재의식의 성공 마인드를 장착한 사람들에게 온다

아무리 우리가 어린 시절에 부정적인 생각을 주입 당했다 하더라도 바꿀 수 있다. 잠재의식은 마음의 준비를 한 다음, 그 마음을 반복하면 바뀐다. 만약 온종일 부정적인 생각에 괴롭다면 긍정적인 말을 해줘야 한다.

결국 사소한 것들이 쌓여 큰 성공을 이루고 정상에 도달하게 한다. 잠재의식은 그 산에 올라가는 데 도움이 되어줄 친구다.

메이저리그 통산 3,000안타라는 위대한 업적을 달성한 이치로(Ichiro Suzuki) 선수도 처음에는 그렇게 많은 안타를 치지 못했다.

본인은 성적이나 명예의 전당 등은 신경 쓰지 않았다. 단지 올해의 성적, 지금의 경기에만 집중한다고 했다. 야구 선수 이치로를 완성한 것은 잠재의식의 루틴 즉, 같은 행동 규칙을 반복한 게 고작이다. 그의 루틴은 이렇다.

① 경기 시작 5시간 전에는 경기장에 들어간다. 같은 방식으로 스트레칭하고 타격을 준비한다. 배팅 훈련 때 투수들이 외야에서 뜬공을 잡으려고 할 때면 '저리 비켜라.'라고 큰 소리를 낸다.
② 타격할 때는 쪼그리고 앉았다가 어깨를 들고 플레이트 쪽으로 다가간다. 그리고 심호흡한다. 깊은숨을 들이마신 뒤 방망이를 쥔 오른팔을 투수 쪽으로 뻗고, 왼손으로 오른쪽 어깨를 잡는다.
③ 더그아웃에 있을 때는 1인치 나무 막대기로 발바닥을 문지른다. "발이 건강해야 몸도 건강하기 때문"이다.
④ 집에서 텔레비전을 볼 때는 "시력을 유지하기 위해" 선글라스를 낀다.
⑤ 시즌 시작 전 마라톤 선수처럼 각 지점에서 해야 할 것을 치밀하게 짠다.
⑥ 매일 아침 같은 음식을 먹는다.

잠재의식은 이렇게 좋은 습관을 하루도 빠짐없이 하는 사람들에게는 기적 같은 결과를 가져다준다. 이치로는 한 매체와의 인터뷰에서 이렇게 말했다. "나는 나와의 약속을 하루도 어긴 적이 없습니다." 이치로는 마치 수도승처럼 24시간 루틴 안에서 생활해왔다. 훈련의 루틴을 1년 365일 중 3일을 제외하고 362일 지속했고, 그런 삶을 30년 넘게 유지해 왔다.

그의 수도승 같은 루틴은 초등학교 6학년 때 쓴 '꿈'이라는 제목의 종이의 글이 이를 가능하게 했다. "나의 꿈은 일류 프로야구 선수가 되는 것이다."

한 문장으로 잘 정리된 꿈의 목록이 있는가. 잠재의식을 완전히 바꾸기 위해선 24시간 매일 하루도 빠지지 않고 사명을 다할 수 있는 꿈이 있어야 한다. 그것도 할 수 있는 한 큰 꿈이어야 한다. 큰 꿈은 작은 목표를 달성하는 것에서부터 시작한다. 잠재의식은 행동하는지도 모를 정도로 작게 시작하여 성공 경험을 계속 쌓을 때 완전히 바뀐다.

1분 명상

지금 종이를 꺼내서 성공 루틴을 지속할 강력한 꿈의 문장을 써보자.

21
잘될 거야, 잘될 거야, 나는 잘될 거야

운명이 때로는 겨울처럼 혹독할 때도 있다. 그 혹독한 겨울의 시련에서 나뭇가지 사이로 또다시 푸른 잎이 돋아나고 꽃이 핀다. "겨울이 지나면 봄이 와서 꽃이 피리라 생각하지 않는 사람들은 없다"라고 요한 볼프강 폰 괴테(Johann Wolfgang von Goethe)는 말한다. 우리는 희망을 품고 사는 성장하는 사람들이다. 그렇게 믿고 겨울의 시련도 잘 견디다 보면 희망의 꽃이 핀다. 우리는 항상 희망에 찬 희망의 존재다. 우리는 미래가 잘될 거라는 희망 의식과 믿음이 있기에 마음속으로 소망하고 또 소망한다. 그리고 그렇게 되리란 걸 안다.

사는 일이 때로는 힘들 때가 있다. 아무리 잠재의식에다 긍정적인 말을 주입하여도 억눌러진 상처 때문에 괴로울 때가 있다.

　부정적인 감정이 억눌려 있는데 이를 덮어버리고 긍정적인 생각을 해야 한다는 책 때문에 무턱대고 긍정만 하라는 말이 아니다. 자신의 감정을 확인하면 부정적인 것이 너무나도 많기에 잠재의식을 바꾸기 위해서는 30년 이상 새로운 생각을 심어야 낫는 상처도 있다. 그래도 희망을 품어라. '잘될 거라'라는 희망 의식이 없으면 지금의 삶에서 성장을 멈춰버린다. 그러면 잠재의식은 요청하는 사람들에게만 답을 하므로 성장을 멈춘 상태에서 미래의 시간만 낭비한다. 부정적인 생각은 인정해주고 나서 새로운 생각의 씨앗을 심는다.

　감정은 생각에서 나온다. 음양의 이치처럼 감정이 부정적인 감정과 긍정적인 감정이 공존하는 이유는 우주의 이치다. 짝처럼 함께 다니니 언제나 우리는 긍정을 선택하는 것이 좋다. 부정적인 감정을 억눌러 놓으면 부정적인 현실을 못 벗어난다. 긍정적인 감정도 억눌려 있으므로 변화의 시작은 "잘될 거야"라는 믿음을 먼저 가지는 것이다. 부정적인 감정을 받아들이고 인정한 다음에 긍정적인 생각을 잠재의식에 심으면 깨끗해진 물에 새로운 배를 띄우는 격이 된다. 도착하는 목적지는 희망의 보물섬이 될 것이다.

　우리의 근원의 존재는 사랑이다. 모든 것을 사랑해서 다 먹여

살리는 태양처럼 근원은 밝다. 잠재의식에 구정물이 있다는 것을 인정해주고 새로운 물을 계속 부어주면 기존의 물이 정화된다. 자신이 사랑인 희망의 의식임을 깨닫고 근원의 사랑으로 들어가 자신이 가장 사랑하는 일을 자주 해주자. '잘될 거라'는 믿음이 있어서 언제든지 안심할 수 있다. 사랑하는 일을 하면 삶이 즐겁다. 시련이 와도 금방 봄의 꽃을 피울 수 있다. 꽃을 보면 모든 사람의 마음이 사랑의 근원에서 왔기 때문에 밝아진다. 가장 잘하는 일은 근원에서 온 사랑의 일을 하는 것이다.

근원의 사랑과 희망이 되면 내 몸도, 내가 하는 일도, 세상도 그 속에서 돌아간다는 사실을 저절로 알게 될 것이다.

1분 명상
잘될 거라는 희망 의식을 가지고 이 세상의 근원인 사랑에 머물라.

22
살아있는 동안 건강하고 행복한 잠재의식만을 상상하자

사람들이 가장 중요하게 생각하는 요인이 건강이다. 건강에 관련된 제품들이 전 세계에서 1위의 판매량을 올리는 것을 보면 알 수 있다. 우리의 의식하는 마음은 잠재의식을 조정할 수 없다. 오직 반복적으로 상상하고 건강하고 행복한 이미지를 주입해야만 잠재의식이 말을 듣기 시작한다.

우리의 잠재의식은 모든 것을 다 가능하게 한다. 즉, 소화를 시킬 때도 우리에게 소화한다고 의식적으로 이야기하지 않는다. 알아서 소화를 시킨다. 자동이다. 혈액은 몸에서 알아서 돌고 있다. 우리는 지수화풍(地水火風), 뼈와 혈액과 심장과 폐장으로 이루어졌다. 가장 먼저 의식이 사라질 때, 즉 죽을 때 우리는 가장 먼저 폐가 정지한다. 호흡이 그만큼 중요하다. 모든 단전에서 생명이 태어난다. 잠재의식도 거기에 중점적으로 있다. 그러므로 잠재의식을 바꾸기 위해서는 호흡을 통해 모든 기관을 이완시켜야 한다.

의식적으로 호흡을 깊게 배에다 힘을 주고 하면 건강해진다. 뼈는 가장 단단한 지(地)로 가장 늦게 사라진다. 이마저도 요즘은 화장해서 다 가루로 내서 금방 사라질 먼지로 만든다.

이 뼈가 땅에 영양분을 주고 다시 흙이 살아나고 새로운 생명이 태어나게 한다. 잠재의식은 만물을 운행하는 힘이다. 이 중요한 힘이 건강을 지키게 한다.

잠재의식은 의식하는 마음이 없을 때 잘 활동하니 휴식을 취하거나 명상할 때 잠재의식에 원하는 정보를 입력하자.

남아프리카의 한 목사는 폐암 진단받았다. 절망 속에서 잠재의식에 올바른 명령을 조셉 머피(Joseph Murphy) 박사에게서 배웠다. 하루에 몇 번씩 정신적으로, 육체적으로 영혼적으로도 모두 완전히 몸에 힘을 빼고 편안하게 했다. 호흡이 정상으로 돌아오고 의식이 방해하는 상태에서 벗어나 이렇게 잠재의식에 명령했다.

"내 발은 아주 편안하다. 내 복사뼈는 편안하게 휴식한다. 고무줄처럼 흐물흐물하게 모든 관절이 쉬고 있다. 내 다리도 편안하다. 내 배도 편안하다. 내 심장도 폐도 모든 기관이 다 편안하게 쉬고 있다. 나의 모든 존재는 완전하고 온전하고 자유롭다. 완벽히 편안하다."

이 편안한 이완 명상은 유튜브 〈민들레 명상〉에 만들어 놓았다. 이런 명상을 5분 동안 하면 몸의 모든 긴장이 사라진다. 이렇게 편안한 상태에서 자신이 바라는 정확하고 명확한 정보, 상상만 입력했다.

"전능한 무한 지성이시어. 내 육체를 통하여 본인의 능력을 나타내주시는군요. 완전한 건강을 허락해 주셔서 감사합니다. 완전한 건강이라는 형상이 내 잠재의식을 충만하게 합니다. 내 잠재의식이 무한 지성의 마음속에 있는 완전한 형상과 일치하여 내 육체를 다시 창조하여서 감사합니다." 이 기도 결과, 놀라운 기적이 환자의 몸에서 일어났다. 무한 지성의 완전한 형상이 간절한 기도를 들어주었다.

1분 명상
건강으로 고민한다면 지금 잠재의식 상상 기도법을 적용하라.

23
잠재의식은 몸을 편안하게 할 때 가장 잘 듣는다

몸을 편안한 상태로 가장 빨리 들어갈 때는 잠자기 직전이다. 졸릴 때는 아무 생각 없이 잠이 와서 의식을 꺼버린다. 그냥 스르르 잠이 든다. 이때가 잠재의식이 활동하기 가장 좋은 시간이다. 끌어당김의 17초 법칙은 이때 사용하면 가장 좋다. 자신이 바라는 것을 한 문장으로 또박또박 말하고 잠이 들면 아침에 바라는 것이 이뤄진다고 반응한다.

남아프리카 요하네스 부르크의 한 목사가 긴장을 푸는 방법을 자세히 단계별로 설명하면 다음과 같다.

먼저 오른발의 발가락 전부를 끝에서부터 이완하라고 한다.

그다음 복사뼈와 무릎, 허벅지, 넓적다리관절, 엉덩이 순서로 이완한다.

두 번째 왼발도 오른발과 똑같이 발가락 끝에서 모든 5개 발가락 발톱을 다 이완하라 명령한다.

다음에는 왼 복사뼈와 왼 무릎, 허벅지, 넓적다리관절, 팔약근, 왼 엉덩이 순서로 근육을 이완하라고 명령한다.

세 번째로 성기와 대장, 소장과 위와 심장 폐와 목으로 올라가서 이완한 다음, 오른팔과 손, 손톱, 손가락 끝, 손목, 팔꿈치, 어깨 순서로 긴장을 푼다.

네 번째로 아래턱과 입, 코, 귀, 눈, 머리 순서로 긴장을 완전히 이완시킨다.

전신이 나른해지면서 잠재의식이 의식을 초월하려고 할 때쯤, 자신이 바라는 모습을 머릿속으로 상상한다. 그러면 그 순간이 가장 심신이 평안하고 평온한 상태다. 이런 잠재의식의 이완 상태가 바로 안 되면 위의 네 과정을 되풀이한다. 이 이완법은 자신이 어디에 있든지 할 수 있다. 직장에 있다면 잠시 눈을 감고 몸을 스캔하듯이 관찰자로서 몸에게 명령한다. 그러면 피로도 싹 가시고 좋을 것이다. 대중교통을 타고도 할 수 있다. 잠자리에 들기 전에는 반드시 한다. 만약 이 과정을 못 외우겠으면 유튜브의 영상을 틀어 놓고 해도 된다. 민들레 명상이다.

마음과 육체는 연결되어 있다. 잠재의식은 마음이고 육체는 의식하는 쪽에 가깝다. 하루 중 얼마나 많이 긴장되어 있는지를 보면 잠재의식이 자신이 원하는 대로 제대로 작동하고 있지 않을 때가 많다. 의식적으로 이 과정을 되풀이하면 몸은 항상 명상 상태에서 곧바로 이완되기 때문에 어느 곳에 있든지 마음이 평안해질 수 있다. 우리가 가장 바라는 것이 행복과 평화 아니던가. 이렇게 잠재의식에 명령하는 방법을 이완 요법을 써서 육체도 건강해지고 마음도 건강해질 수 있다.

1분 명상
잠재의식에 수시로 이완하라고 명령하자.

24
몸은 살아있는 잠재의식의 결과물이다

우리는 강력하게 매순간 잠재의식에 명령을 내리고 있다. 현대인들은 다이어트 산업의 노예가 되어 있다. 먹는 것은 즐거움이다. 인류가 풍성한 먹거리를 먹을 수 있는 건 축복이다. 하지만, 외모지상주의로 먹는 것 자체를 살이 찔까 봐 미워하고 있다.

이 현상은 몸의 성장이 멈춘 성인뿐 아니라 자라나는 청소년들에게도 미치고 있으니 부정적인 음식에 관한 생각을 멈추는 것이 건강한 몸에 필수 조건이다. 잠재의식은 매 순간 생각을 아무런 여과 없이 받아들인다.

아무런 죄책감 없이 많이 먹는데도 몸이 날씬한 사람들의 잠재의식은 이렇게 프로그램되어 있다.

"나는 먹어도 계속 예뻐진다!"

"나는 먹어도 먹어도 살이 안 찐다!"

"나는 이걸 먹으면 계속 예뻐진다!"

음식과 몸도 잠재의식이다. 식사할 때마다 이렇게 한번 마음속으로 중얼거리는 습관을 들여보자. 먹고 나서도 괜한 스트레스를 받지 않아서 살이 좀처럼 찌지 않는다.

여성들의 워너비(wannabe) 몸매인 미란다 커(Miranda Kerr)도 미국에서 슈퍼 모델을 하고 있지만, 그녀는 잠재의식의 대가다. 그녀는 자신의 존경하는 스승을 루이스 헤이(Louise Hay)로 삼고, 확언을 입에 달고 산다. 《Treasure Yourself-자신을 보물로 생각하라》, 미란다 커의 시크릿 다이어리에는 잠재의식을 바꾸는 긍정 확언이 가득하다. 미란다 커도 자신 몸에 자부심을 느끼다 못해 보물처럼 생각하는 다이어트 최면이 있다. 다음의 두 문장이다.

"나는 절대 이 몸매를 잃지 않겠다."

"나는 안 먹어도 배가 부르다."

소식으로 건강한 음식만 먹기 때문에 그녀의 얼굴에선 특히 눈에서 빛이 나온다. 자신을 보물처럼 반짝반짝하게 만드는 것은 잠재의식이다. 그녀는 특히 목조 안에서 이완 명상과 요가를 하는 것으로 잘 알려져 있다. 조깅 애호가로 한국에 왔을 때도 달리기를 했다.

몸은 걸어 다니는 결정체이다. 즉 잠재의식이다. 우리 몸은 전자기적 에너지를 저장하기 때문에 아무리 살이 45㎏이 더 쪄도 한 달이면 빠진다. 유명한 요가 강사인 앨런 핑거는 아버지가 인도 요가 호흡법을 가르쳐준 후 과체중인 자신 몸을 한 달 만에 45㎏ 감량했다. 호흡 하나가 에너지 프라나(prāṇa)[1]다. 그렇기에 잠재의식에 빠진다고 명령하면 순식간에 필요 없는 에너지가 빠져나간다.

그러니 먹는 것에 감사하고 즐거워하라.

> **1분 명상**
> 몸은 걸어 다니는 잠재의식이다. 몸에 주는 영양분인 음식에 감사하라.

---

[1] 프라나(prāṇa) 프라나란 산스크리트어로 호흡, 숨결을 의미하는 단어로, 인도 철학에서는 인체 내부에 있는 생명력과 동의어로 사용된다. 중국 철학에서 말하는 기(氣)와 동의어로 볼 수 있다.

25
완벽한 몸은 자신을 사랑하는 것이다

나는 미란다 커(Miranda Kerr)를 좋아한다. 달리기를 좋아해서다. 또, 끊임없이 자신을 더 좋게 변화시키려는 삶의 자세가 아름답다. 루이스 헤이가 호주에 강연하러 갔을 때도 미란다 커는 같은 모델 출신으로 루이스 헤이가 계속해서 그녀에게 영감을 주었다. 치유 책을 읽으면서 미란다 커도 루이스 헤이처럼 어떤 상황에서도 긍정하는 여성이 되었다.

그녀의 삶의 자세는 어떤 역경의 순간이 다가와도 "이 또한 다 지나가리라"하고 긍정하는 것이다. 이 순간이 지나면 다른 모험이 시작될 것이다. 루이스 헤이도 잠재의식의 기적 확언을 다음과 같이 프로그램으로 돌려서 긍정적으로 운명을 바꾸었다.

"모든 것이 순조롭고 잘 된다."
"모든 일이 술술 잘 풀린다."
"모든 것은 다 괜찮다."
"모든 것은 다 선한 일이다."
"이 상황이 지나면 좋은 일만 다가온다."
"모든 것은 내가 최상으로 행복하기 위해 우주가 작동시키고 있는 일이다."
"모든 것은 나의 이익을 위해 움직이고 있다."
"나는 안전하다.

진짜 잠재의식을 바꾸는 긍정 확언들은 몽상가에 머물게 하지 않고, 행동하게 만든다. 많은 사람이 좌절할까 봐 쉽게 모험해 보거나 첫발을 내딛는 게 두렵다고 한다. 실패하면 어떤가. 그 실패에서 배우기만 하면 된다. 그러면 도전한 것이 안 한 것보다도 더 좋다. 배움이 있으니 성장한 것이다. 잠재의식을 알아가고 자신을 아는 방법은 자기 사랑과 적극적으로 행동하는 것이다.

자신을 이해하고 감정과 생각과 직감과 영감을 믿으며 인생에서 더 큰 가능성을 발견하기 위해 스스로 정한 목표에 정진하다 보면 큰 성과가 있다. 최선이 무엇인지 최상의 경험이 무엇인지를 알 수 있는 사람들은 타인이 아니라 자기 자신이다. 내 안의 무한한 능력이 이야기해 주는 잠재의식의 직감을 믿고 거침없이 도전하자.

미란다 커처럼 자신에게 선물을 주는 의식의 목록을 자신도 적어본다.

예를 들면 다음과 같다.

'마사지, 목욕, 애완동물, 자연의 품에 안기기, 밤에는 충분한 수면, 조용히 20분 정도 앉아서 호흡하기, 가벼운 운동으로 엔도르핀 돌게 하기, 하루의 할 일 목록 정하기'

질문하기도 잠재의식을 작동시킨다. 내 삶은 균형 잡혀있나? 균형을 잡으려면 무엇을 버려야 하나? 어떻게 삶의 조화를 더 잘 이룰 수 있을까?

1분 명상
내 삶에 자기 사랑이 필요한 부분이 무엇인지 목록을 적어보자.

26
잠재의식은 반드시 행동하도록 이끈다

　인생에서 성공한 사람들은 하나같이 잠재의식을 사용할 줄 안다. 잠재의식은 마음의 법칙이다. 성서에서 '심은 대로 거두리라'와 불경에서 '일체유심조(一切唯心造)'[2] 모두 잠재의식의 법칙을 처음부터 끝까지 설명한다. 의식하는 마음이 잠재의식에 어떤 모습을 심어주는가에 따라 밖으로 나오는 행동이 달라진다. 마음 법 하나다. 의식하는 마음과 의식하지 못하는 안 보이는 마음을 공부하는 게 이 세상에 태어난 목적이다.

　지금 하는 행동을 무엇 때문에 하는가? 이 무엇인가? 질문을

---

2 일체유심조(一切唯心造) 모든 것은 오로지 마음이 지어내는 것임을 뜻하는 불교 용어

해본 적이 있는가? 먹고 싶지 않았는데도 자동으로 먹을 것에 손이 가고, 자고 싶지 않은데도 불구하고 때가 되면 입에서 하품이 나오는 것, 이것이 무엇인가? 잠재의식에 심어진 모습은 그것이 좋든, 나쁘든, 반드시 현실에 나타난다. 만약 지금 아주 풍요롭지 못하고, 성공하지 못하고, 행복하지 못하다면 의식하는 마음과 의식하지 못하는 마음을 알아채서 새로운 잠재의식을 심으면 된다. 그러면 반드시 다른 행동을 하게 되고 다른 결과가 나타날 것이다.

세계적으로 널리 알려진 머피 박사의 잠재의식 이론을 통해 행동이 달라짐을 경험할 것이다. 불치병이 낫기도 하고, 죄책감으로부터 완벽히 해방되고, 사업을 다시 일으키게 되고, 가난으로 벗어나고, 부자가 되고, 성공하고, 좌절 속에서 다시 희망을 찾고, 결혼 생활에서 다시 행복을 찾는 등 수 많은 기적이 일어난다.

인생에서 가장 중요한 마음을 어떻게 쓰는가에 따라 행동이 달라지고 삶의 결과물이 현실이 달라진다.

자신의 운명은 스스로 책임질 수 있다. 나를 이끄는 마음이 인생에 대한 열쇠이다. 의식하는 마음과 잠재의식을 일치시키는 방법이 바로 내 마음 안에는 나를 모두 알고 있는 무한 지성이 살고 있다는 사실을 믿어야 한다.

가만히 있어도 움직임이 일어나게 하고, 잠에서 깨우게 하고, 훌륭한 일을 하게 만드는 무한 지성이 있다. 그것이 마음의 핵심이다. 그 무한 지성이 내부에 있기에 마음을 편안하게 가지고 오직 무한한 힘이 존재하기 때문에 안심한다고 선포하면, 이 세상에서 일어나는 어떤 일에도 대처할 수 있다.

나의 힘은 외부에서 주어지는 것이 아니라 오직 내부에서 나와 외부에 투영된다. 밖으로 나온 세계는 내부의 결과다. 원인은 마음 안에 있다.

그러면 여러분은 외면적인 일에 쓸데없이 불평하거나 한탄을 되풀이하고, 투덜대고 만족하지 못하는 일은 전혀 없을 것이다. 내부를 바꾸면 된다.

생각과 감정을 내면의 무한 지성의 법칙과 조화에 맞춤으로 인해서 여러분의 생각이 바뀌고 행동이 바뀌고 결국, 현실에서 창조되는 결과를 바꿀 것이다.

> **1분 명상**
> 항상 믿는 바대로 현실 세계에 행동으로 나타난다.

27
자신의 소망을 오감의 느낌으로 상상하라

'몸을 느슨하게 푸는' 상태가 잠재의식에 가장 잘 입력되는 상태다. 필자는 달리기할 때 러너하이[3]를 자주 느끼기에 그 상태에 잘 들어가는데 잠재의식의 정확한 작동 원리를 깨달은 날이 있었다. 소망을 이미지로 넘기기에 충분한 상태를 무의식적으로 만들었다.

수덕사에는 깨달은 분들이 수행을 많이 하셨다. 그래서인지 그

---

3 러너하이 원래는 'runner's high'라고 하는데 쉽게 '러너하이'라고 한다. 원래 뜻은 "달리기를 즐기다 보면 처음에는 숨이 차고 힘들다가도 사점(dead point)를 지나면 언제 그랬냐는 듯 몸이 가분해지고, 더 나아가 시공간을 초월한 박진감을 느끼며 희열감을 느껴 자신의 몸이 날아갈 것 같은 상태에 이르기도 한다. 이 같은 상태를 말한다."

곳에 가면 기운이 좋다. 새벽에 별똥별이 떨어지는 아름다운 곳을 홀로 달리고 있었다. 모든 긴장이 사라진 상태가 되었다. 그 당시에는 철인 경기를 처음 도전해 보는 것이기에 두려움이 컸다. 잠재의식을 이용해서 상상해 보자고 생각하며 편안하게 달렸다. 통영에서 바다 수영을 처음 해야 했다. 한 번도 바다에서 1.8km를 수영해 본 적이 없기에 두려움이 몰려왔다. 그런데 상상하기 시작했다. 어떤 느낌일지. 바다 수영의 느낌을 느껴보려고 했다. 그런데 뭔가 오싹하는 느낌이 들었다. 간절한 소망은 철인 완주를 하는 것이었다. 그리고 한 달 후 그 오싹한 느낌을 통영 바다에서 그대로 느끼며 완주했다.

머피 박사의 지인 중에서도 독일 유학을 꿈꾸는 일본 학생이 있었다. 독일에 대해 잘 모르지만, 독일을 대표하는 라인강에 대해서는 조금 알고 있었다. 그래서 머피 박사는 라인강 변에 서 있는 모습을 머릿속으로 계속 상상하라고 했다. 하루에 몇 번씩 라인강 변에 서 있는 모습을 상상하던 어느 날, 그 유학생은 몸에 한기를 느꼈다.

계절이 여름인데 한기가 느껴진 것은 잠재의식에 받아들여졌단 뜻이다. 그런데 그해 가을에 바로 유학하게 된 것이다.
그 남학생은 독일 뒤셀도르프 공항에 도착했을 때 한기를 느꼈던 라인강을 실제로 차에 타고 가면서 느꼈다. 고국에서 이미 경험한 10월의 한기를 잠재의식은 모두 알고 있었다. 10월 말이니 강바람이 차가웠다. 몸에서 오한이 느껴지면 그 꿈은 잠재의식에 받아들여진 것이니 반드시 이루어진다.

잠재의식에 이미지가 넘겨지면 그 소망은 반드시 실현된다는 명제를 꼭 기억하기를 바란다.

> **1분 명상**
> 소망을 이룬 모습을 상상할 때 몸에서 어떤 느낌이 오면 곧 나타난다는 뜻으로 해석해도 좋다.

28
돈은 끊임없이 순환하고 있다고 상상하라

　자신 마음을 아는 것이 모든 종류의 정신적인 부(富)와 물질적인 부(富)의 지름길이다. 여러분이 잠재의식의 작용을 안다면 경제 상황이나 주식 시장이나 불황이나 외부의 상황이 어떻든 풍요로운 삶을 살 수 있다. 잠재의식에 "점점 더 마음이 부유해져라."라고 명령하면 잠재의식이 명령받아 실행시킨다. 날이 갈수록 그 상상의 느낌 그대로 외부 환경에 상관없이 더욱더 부유해지는 것이 마음뿐 아니라 물질적인 부에서도 이루어진다.

　잠재의식을 알고 이제는 마음속에 바라는 이미지만 상상한 사람들은 부족함을 느끼지 않는다.

어떤 곳에 있거나 돈은 순환하고 있고, 자유롭게 흐르고, 넘칠 정도로 많다고 믿으면 확신하게 된다. 그러면 잠재의식의 법칙에 따라 '내부에서와 같이 외부에서도'를 실행시킨다. 세계 경기가 어떻게 변화하고 있든 화폐 가치가 바닥이 난다고 해도 새로운 통화가 나타나고 잠재의식을 확신하는 사람들은 여전히 부를 끌어당겨서 끊임없이 누리게 될 것이다.

지금 그런 상황이 아니라면 다음과 같이 긍정 확언을 매일 자기 전 자장가처럼 혹은 자신의 목소리로 녹음해서 들으면 잠재의식에 들어간다.

① 나는 돈을 좋아한다.
② 나는 돈을 사랑한다.
③ 나는 돈을 현명하게 사용한다.
④ 나는 돈을 가치 있는 곳에 투자한다.
⑤ 나는 돈을 고귀하고 멋지게 사용한다.
⑥ 나는 기꺼이 돈을 쓰겠지만 그 돈은 나에게 1,000배로 되돌아온다.
⑦ 나는 돈을 소중한 내 친구로 여긴다.
⑧ 돈은 좋은 것이다.
⑨ 돈은 참으로 좋은 것이다.
⑩ 돈은 나에게 눈사태처럼 풍족하게 일어난다.

⑪ 나는 그 돈을 좋은 일에 쓴다.

⑫ 나는 내 이익과 마음의 부에 감사한다.

이 기도를 얼마 동안 되풀이하면 마음속 잠재의식에 들어가서 생활이 마법과 같이 풍족해질 것이다. 하루 이틀도 아니고, 계속 그런 상태가 지속될 것이다. 중요한 것은 마음속에서 받아들여질 때까지 잠재의식의 무한 지성에게 요청해야 한다. 기도로서 밤마다 간구하는 것들은 어떤 형태든지 잠재의식에 들어가서 이루어진다.

> **1분 명상**
> 언제나 풍족한 인생을 누리고 있는 자신 모습을 상상한다.

29
모든 일이 다
최고로 잘될 거야

 자기 확언은 잠재의식을 긍정으로 바꿀 수 있는 가장 최고의 도구다. 확언이란 인생에서 뭔가를 내려놓거나 새로운 것을 창조할 때 쓰는 확신의 말이다. 사람들 대부분의 신념은 어렸을 때 학습된 습관적인 언어의 패턴이다. 대부분의 신념은 잠재의식에서 작동해서 잘 적용되고 있다. 하지만 몇몇 부정적인 신념이 잘 안 없어지는 경우가 있다.

 한두 번 긍정의 말을 했다고 잠재의식이 곧바로 변화하진 않는다. 오랫동안 잠재의식에 프로그램된 부정적인 말들을 바꾸는 데에는 반복이 필요하다. 뭔가 감동과 느낌이 올 때까지 긍정의 말

지속해서 할 필요가 있다. 잠재의식의 대가들은 종이와 펜을 항상 가까이한다. 자신 생각을 붙잡을 수 있는 가장 강력한 방법이기 때문이다.

　잠재의식의 대가인 브루스 립튼(Bruce Lipton) 박사는 잠재의식을 바꾸는 방법은 반복하는 것이라고 했다. 반복하고 내면에 부정적인 경험을 정화하는 것이 좋다고 했는데 그중에서 가장 좋은 방법이 용서라고 말했다. 자연은 빈 곳(빈 공간 → 공간)을 싫어해서 용서로 비워 놓은 마음에 새로운 좋은 것들을 긍정 확언으로 채우면 잠재의식이 새 프로그램대로 움직여 무의식을 바꾼다. 운명이 바뀔 수도 있다.

　무엇을 반복하고 무엇을 정화하는 것인지는 스스로 관찰해보면 좋다. 자신 말과 생각과 감정을 제3자의 입장이 되어 관찰하는 것이다. 내가 무엇을 할 때마다 내가 어떤 자극에 반응했는지를 알아채는 것이다. 내가 나를 관찰하면 잠재의식에 어떤 프로그램들이 돌아가는지 잘 알 수 있다. 잠재의식을 가장 잘 아는 방법은 잠을 잘 때 꾸는 꿈을 적어보거나, 알람을 맞추고 아침에 일어나자마자 의식의 흐름 따라 글을 아무런 저항 없이 써 내려가 본다. 그러면 일정한 패턴이 보일 것이다. 만약 마음속에 목표를 이루려고 할 때 "안 될 거야.", "그건 너무나 어려워."라는 말을 많이 하는 자신을 관찰한다면, 바로 반대로 바꾸는 것이다.

"잘될 거야." 의외로 쉬운 경우가 많은데 지레짐작으로 어렵다고 생각하는 것이니 "한 번 해보자.", 혹은 "의외로 행동하면 쉬워."라고 스스로에 큰 소리로 말하는 것을 잠재의식에 반복 명령해 보자. 보통 처음 생각을 어떻게 하느냐에 따라 다음 생각이 결정된다. 생각을 심는 초기에 안 된다는 생각의 뿌리를 뽑도록 잡초를 알아채도록 한다. 꿈과 목표를 이루는 데 있어 잠재의식을 자신에게 유리하게 데리고 가야 한다. 만약 나의 편이 안 되고 자꾸 외부 상황만 탓한다면 생의 끝에서 남는 후회들을 어떻게 감당할 것인가.

> **1분 명상**
> 잠재의식의 부정적인 말을 반대로 바꾸어 "잘될 거야"라고 반복한다.

30
잠재의식의 대가들은
항상 기분 좋은 감정을 강조한다

　이 세상에서 행복한 사람들은 모두 잠재의식을 잘 다스리는 사람들이다. 기억하라. 여러분은 다른 사람들이 아닌 오직 자신이 되기 위해서 이곳에 있다. 다른 사람들이 여러분을 조정하게 만들지 않는 방법은 즉, 꼭두각시 인형이 되지 않기 위해서는 잠재의식에 기분 좋은 감정을 가지게 하는 생각을 심는다. 다른 사람들을 조종할 필요도 없다. 모든 것은 마음 하나에서 다 나온다.

　여러분은 소중한 존재이다. 인간으로 태어나서 다른 존재들과 독립적으로 존재한다. 천상천하에 유일한 우주가 바로 지금의 여러분이다. 브루스 립튼 박사는 인간은 각자 50조 개의 세포가 매 순간 진동한다고 했다. 각각 독립된 개체로서 1.4V × 700조의 전압으로 진동하는 에너지와 기가 가득한 훌륭한 작품이다. 이런 멋진 자신을 부정적인 잠재의식의 프로그램으로 낮은 주파수에서 진동하게 해서는 안 된다. 여러분은 아주 대단한 존재다.

여러분은 다른 사람의 기대를 충족시키기 위해 태어나지 않았다. 다른 사람들도 여러분의 기대를 충족시키기 위해서 여기에 있는 것도 아니다. 각자가 자신의 존재를 행복하고 즐겁게 체험하기 위해 왔다. 각각의 개인들은 유일무이하고 신성하다. 각각 독립된 개인들은 자신만의 운명이 있으며 자신의 잠재 의식적 운명을 실현해야 한다.

러시아 물리학자이자 시크릿의 대가인 바딤 젤란드(Vadim Zeland)도 《리얼리티 트렌서핑》에서 잠재의식을 바꾸는 방법을 제시한다. 부정에서 긍정으로 모든 것에 사랑을 느끼고 긍정으로 전환하면 운명을 주무를 수가 있다고 했다. 현재 상황을 있는 그대로 받아들이고, 불만과 분노를 없애는 것이 제일 중요하다. 언제나 모든 상황에서 긍정적인 면과 밝은 면을 찾을 수 있다. 모든 일어나는 일에는 긍정적인 목적이 있다.

잠재의식을 바꾸는 질문은 항상 어떤 일이 일어날 때 이렇게 질문하는 것이다.

"이 상황이 주는 긍정적인 목적은 뭐지?"

"이것은 무엇인가?"

"지금 생각하는 이 감정이 진실인가?"

"이 생각이 장기적으로 봤을 때 진실이라고 확신할 수 있는가?"

"반대로 뒤바꿔보면 어떨까?"

생각은 반드시 부메랑처럼 자신에게 돌아온다. 누군가를 향해서 화를 내는 것도 결국 자신에게 내는 분노의 감정으로 돌아온다. 그러니 모든 상황을 일단 감사로 돌리면 일단 에너지가 서서히 긍정으로 바뀐다. 이때 잠재의식에 자신이 간절히 바라는 감정을 떠올리고, 기쁘고, 즐겁고, 행복했던 기억을 떠올리는 습관을 들이자. 잠재의식은 부정적인 습관에 빠져들면 삶이 더 이상 기쁨을 주지 않는다. 이것은 가장 안 좋은 습관이다. 우리를 자꾸 안 좋은 쪽으로 끌어내는 에너지에 먹이를 주지 않도록 주의한다.

1분 명상
기분 좋았던 감정들과 행복했던 순간들을 떠올리는 습관을 들인다.

31
마음속 깊이 '이것이 무엇인가?'를 명상하라

목표를 가지고 상상하고 꿈을 이루기 위해서 계획을 실행하다가 문득 질문이 떠오른다. 이 길이 맞을까? 마음속에서 올라오는 수많은 감정과 생각들이 무엇인가를 조사해 보지 않고 앞으로만 달려가다 보면, 다른 길로 왔다는 생각이 들 때는 어떻게 할 것인가. 목표를 성취하는 데 많은 어려움이 오면 잠재의식에 좌절을 심고 학습된 좌절은 목표를 포기하게 만들기도 한다.

하지만, 우리는 목표가 없으면 앞으로 나아가지 못한다. 배가 항구에 정박해 있을 때는 가장 안전하지만, 배의 목적이 아니다. 배는 목적지를 향해서 항해하는 것이 본질이다. 인간도 마찬가지이다. 목표는 인간 성장의 핵심이기 때문에 앞으로 나아가면서 성장하는 것이 인간의 본질이다. 때론 목표를 가다듬고 잠시 명상하면서 마음에 질문을 하면서 휴식하는 것도 중요하다.

그럴 땐 더 많은 힘이 나오기도 한다.

우리 뇌는 90%가 잠재의식으로 구성되어 있다. 빙산의 아랫부분에 숨어있는 거대한 빙하가 잠재의식이다. 의식과 무의식이 마음인데 무의식이 차지하는 비중이 더 크다. 기껏해야 우리가 보고 듣고 경험하는 것은 10%의 의식밖에 되지 않는다. 의식의 세계는 눈에 보이는 세계이고 보이지 않는 세계의 힘이 더 강하다. 잠재의식은 나무의 뿌리처럼 겉으로는 드러나지 않지만, 명상을 통해서 고요히 바라보면 거대한 우주처럼 텅 빈 곳에서 무한한 잠재력을 볼 수 있다.

명상은 눈을 감고 잠시 마음을 끄는 상태를 말한다. 불필요한 것을 다 비우고 진공 상태에서 거의 우주 공간으로 들어가서 잠재의식을 볼 수 있게 한다. 유일한 잠재의식을 볼 수 있는 방법은 명상이다. 잠을 통해서 보는 방법도 있지만, 이 방법은 깨달은 수행자들이 할 수 있기에 오랜 세월 훈련해야 한다. 세계의 석학들이나 성공자들, 세계 최고의 부호들이 명상하는 이유는 잠재의식을 활용할 줄 아는 사람들이라서 그렇다. 워런 버핏(Warren Buffett), 정주영 회장, 빌 게이츠(Bill Gates), 이건희 회장, 스티브 잡스(Steve Jobs), 손정의 회장, 루이스 헤이(Louise Hay), 오프라 윈프리(Oprah Winfrey) 등은 반드시 명상을 매일 했다. 그들은 명상을 통해서 목표에 대한 아이디어들은 창출하고 자신의 비즈니스를 초일류로 성장시킬 수 있었다.

삶의 진정한 가치와 성공적인 의사 결정, 마음의 평안을 얻기 위해서는 반드시 명상하는 시간을 떼어놔야 한다. 조직의 비전과 가정의 평화, 리더들의 통찰력, 자신의 걱정과 근심을 다스리기 위해선 잠재의식에 무엇이 들어있는지 매일 보고 성찰하는 시간을 가지는 것이 잠재의식을 발견하는 데 중요하다.

1분 명상
매일 1분 동안 호흡하면서 마음을 비우는 명상 시간을 떼어놓는다.

32
명상은 잠재의식에 풍요로움을 끌어당기는 비밀이다

　명상하는 이유는 많은 사람이 돈에 관한 걱정을 하기 때문이다. 명상하면 우주와 연결되기 때문에 관련된 많은 사람이 다 잘 살기를 바라는 마음이 나온다. 명상을 하면 이기적인 마음이 사라지고 이타적인 마음이 생긴다. 서로 풍요롭게 살게 되고 잠재의식에 좋은 결과가 따라온다. 그래서 지도자들은 조직의 구성원들이 모두 잘 되기 위해 마음을 텅 비우는 명상을 한다.

　아놀드 슈워제네거, 크린트 이스트우드, 오프라 윈프리, 김혜자 씨, 이나모리 가즈오, 비틀즈 등, 세계의 많은 지도자들은 바쁜 일정가운데서도 명상하는 시간을 꼭 가진다.

2006년 1월 뉴욕타임스를 비롯한 주요 언론들에서 다음과 같은 기사를 냈다. 세계 최첨단 학회 중 하나인 신경과학계의 학술발표회에서 달라이 라마(Dalai Lama)가 기조연설을 했는데 '뇌의 가소성'에 관한 것이었다. 명상하면 뇌에 긍정적인 변화가 일어난다는 것이다. 신경 과학계에 불교 지도자가 특별강연을 한 것도 잠재의식의 변화를 나타내는 것이다. 세계에서 가장 행복한 사람들의 뇌파는 티베트의 오랜 시간 수행을 한 수도승인 것으로 나타났다. 미국에서는 동양철학을 도입하여 40% 이상이 불교의 마음 수행법을 실천한다. 미국 심리학회지는 마음 챙김이 이제는 치료가 된 시대에 돌입한 것이다.

명상은 정신적으로는 긴장을 완화한다. 규칙적으로 명상을 하면 몸이 가벼워지고 편안해진다. 일과 관련되어 노심초사하면서 걱정하던 마음이 명상만 하면 어디로 다 사라진다. 이유는 신체 기관과 신경계의 순환 작용의 정렬을 맞추고 규칙적으로 호흡을 하게 되고 뇌파를 줄이고 심장 박동을 안정화하기 때문이다.

잠재의식에 부정적인 감정이 눈을 감는 순간 사라진다. 그래서 어른들이 심호흡 3번 하면 화가 사라진다고 화를 다스리라고 했다. (화가 나면 침 한 번 꿀꺽 삼키는 것도 도움이 된다) 화내기 전에 3초만 참으라고 한 것이다. 3초만 눈을 감고 호흡해도 훌륭한 명상이다. 명상은 1분에서 15분, 혹은 몇 시간이든 길게 할 수도 있다. 각자의 상황에 맞게 한다.

명상하는 중에 생각과 감정이 올라오면 그것을 바라보고 '이것이 무엇인가?'를 질문한 다음 한 줄기 빛에 그 모든 것이 다 정화된다는 상상을 하는 게 좋다. 자신이 좋아하는 자연물에 모든 근심과 걱정들을 다 넣고 구름이나 거품처럼 다 사라진다고 생각하면 좋다. 명상 중에 평소 자신이 궁금한 질문을 던지는 것도 좋다. 잠재의식이 답을 줄 것이다. "이 상황을 어떻게 하면 더 긍정적으로 받아들일 수 있을까?"라고 자신 내면의 큰 존재에게 물어본다. 그 존재가 잠재의식인데 답을 줄 것이다. 그러면 그 답을 가지고 행동해 본다. 그러면 저절로 문제가 해결될 경우가 많다. 명상에서 얻은 질문에 대한 답을 노트에 기록해 두는 것도 명상을 지속하는 방법이다.

1분 명상

하루에도 몇 번씩 고요히 마음을 가라앉히고 눈을 감고 명상하자.

33
8주면 명상으로
잠재의식을 바꿀 수 있다

20년 전만 해도 명상이라는 단어는 생소했다. 마음을 훈련하면 뇌가 바뀐다는 '뇌의 가소성'이란 단어도 최근에 대두되었다. 과학과 의학적 연구가 활발하지 않았던 때는 성인의 뇌는 전혀 변화하지 않으므로 병이나 사고로 다치면 회복되지 않는다고 믿었다.

잠재의식의 영역을 건드리지 않으려고 했다. 왜냐하면 과학적으로 측정할 수 없는 영역이었기 때문이다.

그런데 최근 자기공명장치가 더욱 발달했다. 최근에 자기공명

영상기록(MRI)이 개발되어 명상할 때의 뇌를 촬영할 수 있게 되었다. 티베트 승려들의 오랜 시간 명상 수행이 뇌 반구의 활동성을 우측 우세성에서 좌측 우세 상태로 바꾸어 놓았다. 명상이 잠재의식의 부정성을 열정적이고 낙천적이며 행복하게 바뀌어 놓았다.

오른쪽 전두피질은 고민이 많아지는 부분이지만, 왼쪽 반구 전두피질의 활동성이 증가하면 행복해지고 열정이 가득해진다. 프랑스 출신 티베트 불교 승려인 분자생물학 박사인 마티유 리카르(Matthieu Ricard)는 인간의 뇌파에서 감지가 안 되는 감마파가 나타나 몸에서 광채가 난다. 주변 사람들이 그분 곁에만 가면 행복해진다. 파동은 반드시 전해진다. 마티유 리카르 스님도 좌측 전전두엽이 압도적으로 활동량이 많았다. 수십 년간 명상해온 덕분이다.

많은 사람이 무엇을 해도 만족하지 못하고 뭔가에 집착하는 이유는 명상을 오랜 시간 안 하기 때문이라고 할 수 있겠다. 30년이란 긴 세월은 현대인들이 도시에서 하기에는 어려운 점이 있다. 자연에서 나오는 파동도 좋은 영향을 줄 수 있기 때문이다. 하지만 하루에 몇 분이라도 잠시 멈춤은 할 수 있다.

일반인도 8주 만이라도 명상하면 좌측 전전두엽이 우측에 비해 우세해지고 우울감이 많이 사라지고 행복감을 느낀다. 필자는 매일 새벽 3시에 일어나 2시간 명상을 매일 하는 7년의 실험을 진행했다. 호기심이 많은 나에게 체험적으로 증명되어야 했다. 결과는 삶의 어떤 부분에서도 마음의 동요가 없다.

어떤 도전도 마다하지 않고 할 수 있고, 몸의 회복이 굉장히 빠르다. 아무리 고강도 운동해도 새벽에 거뜬하게 일어난다. 승려들은 모든 것이 차단된 명상할 수 있는 상황이라고 하지만, 일반인도 매일 집에서 할 수 있다.

그렇기에 이 과학적 연구가 확실하다는 걸 경험으로 안다.

의학적으로도 1년 정도만 명상해도 자비심과 행복감을 담당하는 뇌 부위가 변화한다. 해부학적으로 0.10~0.20mm 정도 더 두꺼워지고, 스트레스가 감소하여 기분이 좋아지고, 사고가 명료해지고, 주변에 흔들리지 않는 행복감을 느낀다고 하버드 심리학자 사라 라자(Sara Raza) 박사 등이 보고 했다. 잠재의식에 쌓인 부정성을 긍정으로 바꾸고 싶은가, 딱 8주만 명상해 보자. 그리고 어떤 결과가 있는지 살펴보자.

1분 명상
딱 몇 달만 명상을 실험해보자.

34
마음속에 선명하고 또렷한 그림을 그려라

인간의 상상력은 무엇이든 가능하게 한다. 명상하면 상상력도 발달한다. 마음의 눈으로 보는 능력은 잠재의식이 무엇이든 자석처럼 끌어당기게 만든다. 우리 몸은 전자기장이 흐른다. 자석이 그 자체로 같은 성질인 철을 끌어당기는 힘이 있는 것처럼, 우리의 의식도 자신이 바라는 것을 상상하면 같은 성질의 것을 끌어온다. (이것을 불교에서는 유유상종(類類相從)이라고 한다) 상상력은 가장 강력한 잠재의식의 자석이다.

그러므로 무엇을 이 세상에서 경험하고 얻기를 바라는지 구체적으로 명확하게 상상해야 한다. 마음속에 그린 그림은 반드시 잠재의식에 강하게 새겨져 나타난다. 지금 무슨 생각을 하고 어떤 것에 집중하고 있는가? 그것이 무엇이 되었든 마음속으로 훌륭히 그리는 상상 방법을 터득하기를 바란다. 뭐든지 훌륭하게 잘할 수 있다고 믿어라. 신념은 무엇이든 가능하게 한다.

허황한 것과 망상은 스스로 구분할 수 있다. 마음속에서 말도 안 된다는 것을 스스로 한계를 정하면 망상은 절대 이루어지지 않는다. 행동하는지 안 하는지가 제대로 믿고 상상하는 지표다.

세계 각지에 200여 개 이상 호텔을 지은 콘래드 힐튼(Conrad Hilton)은 시각화의 대가다. 그는 호텔 객실 안내원이었다. 호텔 하나도 가지지 못했던 시절에도 미래를 봤다. 스스로 전 세계에 호텔을 짓는 상상을 아주 생생하게 했다. 안 된다는 생각이 끼어들 틈이 없었다. '나는 할 수 있다(I Can Do It)!' 이 말을 방에 도배를 해놨다.

미국 실리콘 벨리 TYK 그룹 김태연 회장도 회사 벽에 "그도 할 수 있고, 그녀도 할 수 있는데, 나라고 왜 안 되겠어?(He can do, She can do, Why not me?)"라는 긍정 확언을 외치고 보고, 듣고 상상한다. 회사벽에 플라스틱 로고로 새겼다.

전미 스노우 폭스 도시락 회사 김승호 사장도 "여기에서 세계의 모든 도시락이 시작된다."라고 아예 간판과 액자들 만들었다. 잠재의식은 상상력이 말과 합하면 불가사의한 힘을 낸다.

잠재의식에서 진실이라고 받아들여질 때 마력이 생긴다. 힐튼은 호텔 사진과 잡지나 전단 이미지를 방에 풀로 붙이고 생생히 상상했다. 아놀드 슈워제네거(Arnold Schwarzenegger)도 자신이 세계 보디빌딩 대회 1등을 하기 위해 상상할 때 이미지를 생생하게 느끼기 위해 방 벽면 전체를 울퉁불퉁한 근육질 남자의 사진들로 도배했다. 여기서 여러분은 힌트를 눈치를 챘을 것이다.

필자가 집필한 책《미라클 맵(Miracle Map)》을 반드시 읽어 보기 바란다. 그 책에 잠재의식을 가장 잘 활용할 수 있는 모든 방법이 다 들어있다. 힐튼은 이렇게 말했다. "매일 큰 소리로 확언하십시오. 외치십시오. 나는 할 수 있다. 나는 할 수 있다. 나는 할 수 있다!" 대장장이가 대장간에서 평범한 쇠막대기로 말발굽을 만들면 그 가치는 두 배로 뛴다. 아주 작은 바늘은 67배, 면도날은 657배로 껑충 가치가 오른다. 고급 시계의 스프링을 만들면 5만 배가 상승한다. 고급 시계는 없어서 못 팔 지경이다. 힐튼은 자신의 자치가 호텔을 짓고 나서는 세계에서 가장 부자가 될 것이라고 상상했다. 여러분이라고 왜 못하겠는가. 이렇게 쉬운데. 필자의 시각화

책 《꿈을 위한 기적지도》를 꼭 참고하기 바란다.

　꿈을 가지라고 항상 자신 장남에게 말을 한 콘래드 힐튼, 필자도 콘래드 호텔 라운지나 레스토랑에서 한강을 바라보면서 상상한다. 그런 좋은 곳에 가면 원제작자들의 꿈을 읽을 수 있다. 전 세계를 다니면서 항공사에서 일할 때는 힐튼 호텔에서 많이 머물렀다. 이유는 그곳에 가면 좋은 기운이 나오기 때문이다. 20대 때에도 힐튼에서 친구들과 남산 자락에서 교류하고 추억을 만든 것은 이런 잠재의식의 상상 덕분이다.

> **1분 명상**
> 꿈을 가지고 잠재의식에 상상의 이미지를 생생하게 넘겨라.

35
잠재의식에 이 생애에서 이룰 수 없는 꿈을 꾸라

50조만장자인 댄 페냐(Dan Peña)는 최근에 《슈퍼 석세스(Super Success)》라는 책에서 이렇게 말했다.

"여러분들은 이 생애에서 도저히 이룰 수 없을 것 같은 꿈을 꾸세요. 저는 비록 50조를 벌었지만, 더 높이 목표를 세우지 않은 것을 후회한답니다. 목표를 정하면 꼭 거기까지만 하므로 더 큰 목푤 사람들이 잡으려 하지 않는답니다. 그러나 꿈은 한번 정하면 그대로 반드시 됩니다. 잠재의식은 불가능한 힘을 끌어내기 때문에 무엇이든 가능하답니다. 여러분들도 상상도 할 수 없을 정도로 꿈을 크게 꾸세요."

성공한 사람들은 이미 많은 것을 성취하고서도 공통으로 이런 말을 한다. 무엇이든 상상한 대로 그대로 되기 때문에 더 큰 꿈을 꿔서 많은 사람을 이롭게 할 수 있다는 것을 잠재의식이 직감적으로 알려주기 때문이다. 호텔 왕 힐튼도 큰일을 성취한 사람과 그렇지 않은 사람들의 차이는 꿈의 크기의 차이라고 했다. 인류 역사는 꿈의 힘으로 자신을 무한히 성장시킨 사람들의 이야기로 가득하다. 잠재의식은 무한대이기 때문이다. 잠재의식의 힘을 빌려 큰 목표를 성취해 보지 않은 사람들은 현실에 만족할 만큼 작은 목표를 잡는다. 이제는 큰 꿈을 그려도 된다. 이 생애에서 못 이루면 다음 생에서 이루면 되지 않는가.

꿈은 잠재의식이다. 꿈의 극적인 성취를 이룬 사람들의 인터뷰를 보면 그들은 하나같이 "나는 반드시 해낼 것이고, 할 수 있다." 혹은 "나는 반드시 잘될 것이다. 나는 반드시 성공한다. 나는 반드시 꿈을 이룬다."이다.

이처럼 꿈은 평범해 보였던 사람들도 천 배 혹은 만 배 이상 혹은 무한대로 성장하게 하는 원동력이다. '할 수 없다'라는 말을 도무지 모르는 사람들도 처음엔 두려웠다. 하지만 점점 할 수 있단 말을 반복해서 잠재의식에 새기자, 그대로 되었다. 새로운 생각의 씨앗을 심고 싶다면 잠재의식의 대가인 루이스 헤이의 《나는 할 수 있어-삶을 크게 변화시키는 긍정 확언 사용법》책을 꼭 읽어 보기를 바란다. 책에서는 할 수 없다는 생각을 모두 할 수 있게 바꿀 수 있는 잠재의식 사용 도구를 제공한다.

어린 시절 남들보다 힘든 시기를 겪었다면 잠재의식을 이용해서 큰 꿈을 이룬 사람들의 이야기를 읽고 힘을 내자. 그들은 반드시 해냈다. 그 원동력은 바로 잠재의식에 모두 꿈을 간절히 바라고 상상하고 행동한 것뿐이다. 여러분도 할 수 있다. 그들이 했다면, 그가 했다면, 그녀가 했다면 여러분이라고 왜 안 되겠는가. 오직 생각 하나가 여러분의 인생을 바꿀 것이다. 이제 잠재의식의 사용법을 안 여러분들은 이제부터 잠재의식에 큰 목표를 상상해야 한다.

> **1분 명상**
> 여러분이 이 생애에서 성취할 수 없을 정도의 큰 꿈은 무엇인지 사색한다.

36
잠재의식은 어떤 말이건 반복해서 되풀이하면 진실로 받아들인다

지금까지 어떤 종교도 기적을 일으키지 않은 곳은 없었다. 종교는 반복된 암시, 즉 잠재의식을 이용해서 믿는 사람들에게 어떤 일도 가능하게 할 수 있는 힘이 있다. 우리는 탄생과 동시에 부모와 학교, 사회, 조부모의 반복된 잠재의식의 주입에서 자랐다. 요즘은 인터넷 발달과 SNS로 수많은 광고와 매체에 의해 잠재의식의 폭격을 맞는다.

기업의 모든 광고에는 심리전문가와 잠재의식 전문가가 배치된다. 그들이 온종일 하는 일은 짧은 광고의 문구(말)와 이미지를 아주 빠르게 돌려서 사람들의 무의식 속에 스며들어 제품 광고를 익숙하게 해서 사도록 만든다. 그래서 매출이 증가하여 사람들이 많이 애용하면 소비자들은 무의식적으로 그 브랜드를 선호하게 된다. 그래서 여러분은 아무리 생각해도 홀렸다는 생각이 들 정도이다.

소용돌이치는 기업의 광고 폭격 속에 굳건하게 자신의 철학과 신념을 지킬 수 있는 사람들은 강하다. 자신만의 신념으로 의식적으로 선택해서 올바른 것만 선택할 힘을 기른 사람들은 남의 생각을 비판 없이 받아들이지 않는다. 반면에 잠재의식의 작동 원리에 대해 모르는 사람들은 산들바람에도 쉽게 마음이 흔들려 무 자각적 소비와 빚을 지며 삶을 고통스럽게 살아간다. 이 모든 게 잠재의식에서 오는 어떤 암시로 움직인 결과이다. 그러므로 자신의 잠재의식을 보호하여 생각을 굳건히 지켜 내야 한다.

종교도 마찬가지이다. 모든 종교는 단순히 되풀이한다. 똑같이 의례적 행위라고 하는 의식이 잠재의식을 바꾼다는 것을 알기 때문이다. 인디언들도 마찬가지다. 율동적으로 전신운동처럼 보이는 춤을 추는데 그런 춤은 기우제를 할 때 하나의 잠재의식의 의례적 행위다. 운동선수들도 반드시 시합 전에는 자신만의 의례적 행위를 깨지 않는다. 마라톤 대회에도 여러 가지 의례적 행위가 있다. 대회 날에는 새 운동화, 새 양말을 신지 않는다. 회교도의 수피 댄

스(sufi whirling)도 반복되는 운동은 신앙심이나 바라는 바가 이루어진다는 믿음에 근거한 것이다.

종교 연구가 윌리엄 시브룩(William Seabrook)은 미개지의 마술사, 원주민, 마법사, 기타 기괴한 종교의 신봉자들은 한 가지 말을 외우거나 동작 하나를 정해서 계속하면 치유된다고 했다. 영혼을 불러내고 말과 의식을, 중얼거림을 계속 반복하도록 잠재의식에 명령을 넣는다. 그러면 잠재의식은 반복과 주술적인 감정으로 꿈을 이뤄준다. 종교들도 모두 잠재의식의 힘을 알고 있기에 모든 종교에서 기적이 있다.

이제 여러분은 알아냈을 것이다. 자신이 강하게 꾸는 꿈 하나를 정해서 주술처럼, 불교의 염불을 외는 것처럼 온종일 노래로 찬탄하거나 찬양하면서 불러 보자. 그러면 놀라운 일이 일어날 것이다. 이 모든 것은 필자가 다 해보고 실험이 증명되어 확실하게 말할 수 있는 잠재의식 바꾸기 방법이다. 이 방법은 강력하다. 단, 꿈의 진술을 10자 이내로 자다가도 일어나서 외울 수 있는 간단한 한 문장이어야 한다.

세계 최고 호텔 왕이 되겠다. 일류 야구선수가 되겠다. 매장 300개를 열겠다. 등등.

1분 명상

잠재의식에 주술문을 한 만들자.

_____
_____
_____
_____
_____
_____
_____
_____
_____
_____

37
잠재의식에 방해가 되는 낮은 자존감을 높이자

 큰 꿈을 꾸는데 가장 큰 방해가 되는 것이 자존감이다. 혹시 내면 깊이 '충분히 가질 자격이 없어' 이런 생각이 있는가? 잠재의식에 부정적인 생각이 있어서 그 생각을 오래 붙잡고 놓아주지 않으면 장애물을 만든다. 큰 꿈도 그려지지 않는다. 내면 깊이 "나는 충분하지 않아."라는 말을 반복하고 있을 테니까. 그러나 우리에겐 희망이 있다. "나는 잘될 거야"라고 새로운 생각을 심었다. 그 생각을 붙잡고 나머진 버린다.

 오늘부터 나에게 일어나는 모든 일은 '좋은 일'이라고 결정하라. 어떤 일이 일어나도 그 일은 내가 '잘 되기 위해' 일어난 일이다. 무조건 환영하자. 이제는 주술 문을 "나는 잘될 거야. 심히 잘될 거야. 정말 잘될 거야. 아니 이런 말들로는 이제는 부족해 나는 세상에서 가장 운이 좋아서 가장 잘 되는 행운의 여성, 행운의 남성이 될 거야. 내가 바라는 모든 것은 다 이루어질 거야. 내가 사랑하는 사람들의 꿈도 다 이루어질 거야. 내가 바라는 것은 요구하기도 전에 이루어질 거야. 그러니 문제가 하나도 없어. 이 상황이 나에게 주는 긍정적인 목적은 뭐지? 나는 왜 이렇게 운이 좋지? 나는 왜 이렇게 좋은 사람들이 항상 내 옆에 많지?" 지금 이 상태가 아니더라도 말버릇을 이렇게 바꿔라. 주술 문 하나를 여기에서 골라라 지금 당장! 매일 24시간 두뇌의 전전두엽에 눈썹과 눈썹 사이의 아주 좁은 미간 3cm의 아미그달라(Amygdala)[4]에 완전히 각인시키자. "나는 잘될 거야."

자존감이란 자신에 대해서 좋게 느끼는 바를 말한다. 자신감과 자존감이 있으면 그 어떤 것도 다 성취할 수 있다. 어릴 때 여러분은 완벽한 존재였다. 누구의 눈치도 안 봤다. 욕구가 해결 안 되면 동네가 다 떠나가도록 울었다. 아무도 뭐라 안 했다. 오히려 여러분을 달랬다. "뭘 원하니?" 그런 다음 주변의 모든 분이 아이의 욕구를 해결해 주었다. 이제는 여러분에게 잠재의식이 있다. 바라는

---

[4] 아미그달라(Amygdala) 우리의 뇌 중 변연계 가장 깊숙한 곳에 자리 잡고 있으며, 분노, 증오, 슬픔 절망, 공포 등 모든 부정적 감정에 불을 댕기고, 기분 좋고 나쁨을 판단하는 부위

것이 무엇인가? 이제는 여러분 스스로 내면 깊이 잠자고 있는 거인을 깨워야 한다. 어릴 때는 그렇게 꿈 많던 자신이 왜 그렇게 지금 현실에 안주하면서 사는가. 남과 비교하고 아침에 일어나기 싫고, 지금 다니는 직장에 가기 싫어서 마치 도살장에 끌려가듯 살고 있진 않은가. 주변에 얼마나 멋지게 자신 삶을 누리고 사는 사람들이 많은가. 왜 여러분이라고 안 되겠는가. 당신에게는 신의 존재가 내면에 있다.

어렸을 때는 자신감과 사랑에 가득 차서 자신의 모든 면을 좋아해서 자신 발가락과 놀고, 자신이 싼 똥도 귀여워서 함께 놀았다. 완벽했다. 이제 새롭게 잠재의식을 바꾸자. 만약 지금 굉장히 자존감에 상처를 많이 받았다면 내면이 웅크려 있을 것이다. 그 내면의 얼어붙은 자아를 "이제 내가 (자신의 이름)의 양육자가 되어 새롭게 키워줄게. 뭘 원하니?"라고 물어본다.

그리고 만약 내면에서 "사랑받고 싶어, 인정받고 싶어, 돈을 많이 벌고 싶어, 여행 가고 싶어." 등등의 말이 나온다면 큰 소리로 내 자신에게 "나는 이제 내가 하고 싶고 되고 싶은 모든 것을 다 하게 될 거야. 잘될 거야."라고 외친다.

1분 명상
잠재의식을 새롭게 편성하여 자존감을 높이자.

38
잠재의식에 결단하는 습관을 들여라

 우리는 주변에 많은 사람이 자신이 하고 싶지 않은 일을 하면서 허송세월한다는 것을 안다. 하지만, 잠재의식은 우유부단하거나 강력하게 결단하지 않으면 빠르게 삶을 변화시키지 않는다. 서서히 바꿀 수밖에 없다. 하지만 결단하면 한 번에 모든 환경과 사람, 사는 집, 원하는 대로 바뀔 수 있다. 시크릿의 대가인 밥 프록터(Bob Proctor)가 가장 부자가 된 이유로도 결단하는 습관을 들였기 때문이라고 이야기한다.

 1962년 9월 12일 지미 카터 39대 대통령은 국민에게 "우리 미국은 10년 안에 달나라로 갈 거예요."라는 그 당시 말도 안 되는 연설을 했다. 아무도 달나라에 가는 걸 도전하지 않았기 때문이다. 그는 쉽기 때문이 아니라 어렵기 때문이라고 결단했다. 잠재의식은 이런 어려운 결단을 내리면 RAS에서 어떻게 하면 달나라에 갈 수 있을지에 대한 모든 정보를 모아서 가게 만든다. 우유부단은 해도 되고 안 해도 되고 '이랬다저랬다' 하는 것이다. 하지만 결단은 오직 한다만 있다.

김유신 장군의 예화가 결단에 잘 맞는다. 김유신 장군은 이제 학문에 뜻을 두기 위해 기생집 가는 습관을 끊으려고 했다. 본인은 끊어도 말이 자동으로 말굽이 향한 곳이 기생집 마당이라서 도착하는 순간 말의 머리를 단칼에 잘랐다. 그래서 습관은 단칼에 잘라야 한다는 말이 나온 것이다. 이 이야기는 습관을 언급할 때 결단이 얼마나 중요한지 말해준다. 잠재의식의 습관은 자동적이라고 할 수 있다. 말의 머리를 쳐서라도 강력하게 그 습관을 잘라버린다면 잠재의식이 큰 성공을 선물해준다.

많은 사람이 자신이 바라는 삶을 살지 못하는 이유가 변명, 우유부단함, 단칼에 끊지 못하는 결단 때문이다. 습관은 좋은 습관을 들이는 것도 중요하지만, 나쁜 습관을 끊어내는 것이 더 빠르다. 어렵기 때문에 이것을 해내는 사람들만 큰 성공을 이루어낸다. 결단이 어려운 이유는 우리가 어린 시절부터 되풀이했기 때문이다.

잠재의식은 되풀이해서 새긴 신념은 웬만해서는 안 바꾼다. 링컨(Lincoln)은 우리 자신의 비물질적인 면을 반드시 봐야 한다고 했다.

보이는 면만 내가 아니다. 나란 존재는 잠재의식이 90%나 차지한다. 오히려 비 물질세계가 더 나에 가깝다. "보이지 않는 것을 믿는 것이 승리요 축복이다."라고 한 링컨의 비 물질세계인 잠재의식을 믿고 단호하게 결단해야 할 때는 자신의 꿈을 위해서 한 번 다 끊어보자. 놀라운 변화가 생길 것이다. 조금씩 끊는 것은 시간이 오래 걸린다. 단호히 그 자리에서 안 좋은 습관을 하나 끊겠다고 결단하고 반드시 어려운 것도 도전하여 잠재의식에 이루어달라고 명령한 후에 지속해 보자. 아마 이 책을 읽은 여러분은 미래의 자신에게 선물로 받는 큰 성공과 축복에 감격할 것이다.

> **1분 명상**
>
> 지금부터는 여러분의 꿈만 생각하고 여러분이 진정으로 하고자 하는 것만을 위해 살기로 결단하라.

39
잠재의식에 기회라는 강력한 느낌이 오면 바로 잡아라

콘래드 힐튼(Conrad Hilton)은 1907년 잡화점을 운영하면서 대공황 때 가진 돈을 거의 다 잃었다. 행상, 은행원, 호텔 객실 안내원 등을 전전하면서 항상 잠재의식에 꿈을 입력하는 것을 잊지 않았다. 1919년 어렵게 모은 돈 500만 원으로 텍사스 주로 이주했다. 은행원의 경력이 있었기 때문에 종잣돈 외에 투자자들의 자금을 보태어 은행을 매입하겠다는 계획을 세웠다.

우리는 여기서 꿈의 크기를 확인해야 한다. 매일 근육 운동을 필자는 받고 있다. PT(Personal Training) 선생님은 돈에 대한 부정적인 이야기를 한다. 굉장히 운동을 잘 가르치고 젊은 사람들이 열심히 따라서 운동하는데 큰 꿈이 없다. 운동할 때 다른 회원들과 하는 이야기를 들어보니, 이 분의 부에 대한 잠재의식을 알아차릴 수 있었다. 본인은 대출은 절대 해서는 안 되고, 투자받아서도 안 되고, 돈은 자신이 13시간 이상 일해서 벌어야 한다는 관념을 잠재의식에 심은 것이다.

그래서 집을 사지 못해서 일하는 곳에서 몇 시간 떨어진 곳에서 출퇴근해야 한다. 잘 나가는 헬스클럽의 사장인데 잠재의식에 '~하면 안 된다'라는 생각으로 거리에다 시간을 버리고 있다.

꿈의 크기가 현실의 크기다. 콘래드와 동네 헬스클럽의 사장님의 차이점은 잠재의식에 어떤 씨앗을 심는가의 차이점이다. 콘래드는 은행을 매입하려고 할 때 이곳에 다른 기회가 기다린다는 것을 RAS가 알려줬다. 그가 묵은 모블리 호텔이 그의 인생을 바꿔놓았다. 석유 붐을 타고 미국에서 몰려든 사람들이 방을 구하기 위해 온종일 줄을 섰다. 그는 호텔 경영이 돈이 될 직감을 느꼈다. 잠재의식이 꿈을 이룰 기회를 던져 주었다. 사람들 대부분은 여기에서 기회가 왔을 때 지나친다.

그러나 콘래드는 매일 방에다 전 세계에 호텔 가맹점을 수백 개 가질 것이라고 붙여놨기 때문에 기회를 잡았다. 현재는 전 세계에 남극을 제외한 250개 이상의 힐튼 호텔 체인점이 있다. 모블리 호텔 주인이 기름 사업에 투자하기 위해 호텔을 팔았다.

힐튼은 자신이 강하게 상상한 그곳을 힐튼 호텔의 모태로 세웠다. 그 후 텍사스의 여러 호텔을 매입하거나 순차적으로 지었다. 모든 것은 잠재의식에 입력된 씨앗의 생각대로 그대로 이루어진다. 만약 콘래드가 상상하지 않았다면 우리는 여의도에 콘래드 호텔을 보지 못했을 것이다. 1929년 세계 대공황으로 재산 대부분을 잃었지만, 포기하지 않았다. 위기가 지난 후에 호텔들을 적극적으로 인수해 가맹점으로 묶어서 운영했고, 세계 최초 호텔 체인이 되었다. 힐튼 호텔은 힐튼(Hilton)의 첫 글자를 따서 기업의 가치를 잊지 않으려고 노력했다. Hospitality(환대성), Integrity(일치), Leadership(리더십), Teamwork(팀워크), Ownership(주인의식), Now(지금)를 최고 경영자(CEO)인 나세타(Nassetta)가 최근 공유 에어비앤비(Airbnb)[5] 경쟁업체의 젊은이들의 고객을 끌기 위한 노력을 하고 있다. 무엇이든 꿈을 꾸면 그대로 된다. 그러니 오늘부터 기회가 왔을 때 직감적으로 기회를 잡아라.

1분 명상
기회는 위기의 틈 사이로 혹은 뒷문으로 찾아온다.

---

5 에어비앤비(Airbnb) 미국 샌프란시스코에서 시작된 숙박 공유 서비스.

40
어떤 난관이나 역경이나 실패도 꿈을 이루는 과정이라 결심하자

행복이나 성공, 실패와 불행 등은 모두 잠재의식의 결과다. 나쁜 일이 일어나면 사람들은 운명을 탓하고 외부 환경을 탓한다. 하지만 크게 성공하려면 이 과정이 전부 자신의 꿈을 이루기 위한 과정이라고 여겨야 한다. 꿈을 향해서 도전하는 가운데 때론 어려운 일들이 나타난다. 이런 어려운 일들과 나쁘다고 생각하는 일들에 이렇게 외쳐보자.

"이것으로 나쁜 일들은 다 지나가고, 앞으로는 좋은 일들이 일어날 것이다. 나는 무조건 잘될 것이다."

이렇게 잠재의식에 새로운 생각의 씨앗을 심으면 콘래드처럼 위기가 기회가 된다. 항상 일은 일어나기 마련이다. 성공이나 실패도 마음을 길들이기에 달렸다. 만약 이 일이 좋은 일이라고 마음속으로 일어난 일에 새로운 생각을 부여하면 창조는 지금 일어나는 것이니 그대로 미래에 좋은 일을 위한 준비 기간으로 잠재의식은 볼 것이다. 보여지는 모든 것은 사람의 마음속에 있는 잠재의식의 결과이니, 이제부턴 좋고 나쁨, 실패도 없고 오직 좋은 것만이 온다고 믿어라.

불교에서는 이를 '대결정심(大決定心)'[6]이라고 한다. 불행으로 인해서 사람들은 더 강해진다. 고도의 정신적인 발전을 이루어 깨닫는 사람들도 있다. 실패는 능력을 더욱더 계발해서 새로운 자신으로 태어나는 계기가 될 수 있다.

무의식에서 아직 개발되지 않은 90%의 잠재의식이 발현되는 계기라고 생각한다. 조앤 롤링(Joan K. Rowling)과, 헤밍웨이(Hemingway,), 스티븐 킹(Stephen King), 모두 무명 시절에 수도 없이 실패하고 출판사로부터 거절당하고, 굴욕감과 수치를 경험했지만, 잠재의식을 믿었다. 그들은 모두 꿈을 절대로 포기하지 않았다. 꿈은 잠재의식에 진실로 장착이 되면 세상이 다 사라져도 세상을 만

---

[6] 대결정심(大決定心) 석가모니가 출가하여 보리수 아래 자리잡고서 먹은 마음이 대결정심이다. '내가 깨달음을 얻지 않는다면 이 자리를 결코, 떠나지 않겠다'라고 결심했던 마음.

들어서 꿈을 이루게 만든다.

우리는 바다 아래에 어떤 거대한 에너지가 발견되지 않은 미지의 세계가 있는지 모른다. 현실이라는 좁은 세계에 갇혀서 자신 능력의 10%도 못 사용하고 이 세상을 떠나는 사람들이 얼마나 많은가. 이제 여러분은 잠재의식의 사용법을 알게 되었다.

그러므로 어떤 일이 있어도 실패 때문에 포기하지 말아라. 절대 포기하지 말아라. 꿈이 있으면 식음을 전폐하고서라도 그 꿈을 위해서 집중하면 반드시 놀라운 의식의 광명을 볼 수 있을 것이다.

이렇게 계속 실패를 즐기고 포기하지 않으면 반드시 성공한다. 나날이 밝은 날이 계속될 것이고 가만히 있어도 기쁘고 행복한 날들이 계속될 것이다. 이를 위해서는 수행이 필요한데 그것도 꿈이 강렬하다면 고통으로 느껴지지 않을 것이다.

죽을 각오로 최선을 다하고 안 되더라도 "나는 잘될 거야"라는 믿음을 절대 놓지 말고, 절박한 심정으로 꿈에 자신의 모든 것을 걸어보라. 그러면 교촌치킨 사장이 여기서 물러나면 죽음밖에 없다는 심정으로 가게를 차린 마음이 잠재의식을 감동하게 해 크게 성공하게 해줄 것이다.

1분 명상
실패는 잠재의식을 깨우는 원동력이다.

41
바라는 것을 잠재의식에 30일 정도 무의식적으로 반복 각인시킨다

세상을 주관하는 것은 잠재의식이다. 이 힘을 알게 되면 여러분은 바라는 그 모든 것을 얻을 수 있다. 그런데 바라지 않는다. 아직 이 힘을 발견하지 않아서이다. 여러분은 무엇이든 통제하고 상상할 수 있는 능력이 있다. 잠재의식이 여러분 안에 있다. 세상 모든 것을 다 아는 무한한 지성이 여러분을 만들었으면 여러분 안에는 그 모든 무한 지성의 지혜가 있다.

존 아사라프(John Asaraf) 시크릿 영화의 주인공이자, 현재 백만장자인 그는 잠재의식에 대해 이렇게 말한다. "잠재의식은 현실과 상상을 구분하지 못한다. 그러니 바라는 것이 있으면, 돈이든, 집이든, 그 무엇이든 두뇌에서 생생하게 상상한다. 두뇌는 한 번만 떠올리고 안 하면 현실에 나타나게 하는 힘을 약화한다. 반복해야 두뇌의 회로가 만들어진다. 모호하게 하지 말고, 명확한 이미지로 돈이면 바라는 액수, 기부하고 싶은 액수, 자산의 액수를 명확하게 정해서 상상한다. 반복은 사람들이 건너뛰는 것이다. 매일 두뇌에 반복해서 입력하면 30일 정도면 두뇌가 현실 세계에 나타나도록 준비한다. 여기서 될 때까지 멈추지 않아야 한다."

양자물리학의 세계에서는 모호한 소망이나 강력하거나 충격적이지 않고 간절하지 않으면 배달하는 시간을 길게 잡거나 아예 없애 버린다. 아인슈타인(Einstein)이 말한 모든 것이 에너지인데, 에너지가 약하면 어떤 것도 움직이지 못한다. 바람이 강하게 불면, 다시 말해 에너지가 매우 크면 집을 날려버릴 수도 있는 정도의 힘이 나온다. 그 에너지가 잠재의식이다. 물리학자들이 발견한 객관적 진실은 우리가 발견한 모든 꿈은 다 이루어질 수 있다는 것이다. 단지 반복이 수반되어야 한다.

선명하게 그리고 반복하다 보면 구체화한다. 생각의 씨앗이 선명하고 강력해야지만 씨앗이 자라서 사과가 될지, 배가 될지 알 수 있다. 만약 씨앗이 싹이 나려고 할 때 흐릿하게 안 돌보고 가만히 놔두면 죽는다. 마르거나 흙에 합체된다. 다시 시작해야 한다. 뇌는 무의식 영역이어서 명확하게 심은 씨앗이 반복해서 물을 주고, 해를 비추고 잡초를 뽑아주고 바라봐 주면 어느새 싹이 나고 열매가 생긴다. 그때까지 끈기 있게 지속할 수 있는 반복이 중요하다.

의식적으로 기억하는 것은 20초면 사라지고, 무의식적 생생한 이미지를 끊임없이 생각하면 무의식적인 뇌는 이를 행동으로 옮기게 하는 내면의 충동을 일으키는 사건들을 만들어준다.

적어도 30일 동안은 생각의 씨앗을 반복해서 자신의 잠재의식에 심어주는 것이 좋다. 이미지를 보든지 소리를 내어 확언하든지, 어떤 방법이든 좋으니, 100번을 외치고, 쓰는 것도 좋다. 계속 바라는 것의 명확한 이미지를 떠올리자. 그리고 반복한다. 딱 30일만 해보자.

> **1분 명상**
> 30일 이후에 이루어질 목표를 정해서 잠재의식에 매일 상상해보라.

42
잠재의식에 부정적인 잡초는 뽑아버리자

우리는 어마어마한 우주의 법칙인 잠재의식에 대해 완전히 익히고 삶을 즐길 수 있다. 살아있는 모든 존재는 행복하기 위해 나왔다. 그리고 행복해야 한다. 매 순간 행복할 수 있다. 부정적인 생각을 떨칠 수가 없다는 사람들이 많은데 떨치는 방법을 알아야 없앨 수가 있다. 시크릿의 저자 론다 번(Rhonda Byrne)은 생각에다 이렇게 말해서 잠재의식에 쌓인 부정적인 생각을 버린다.

"가버려(부정적인 생각)! 너 생각, 네가 있을 곳은 내 안에 없으니 다른 곳으로 가. 내 안에는 강인한 정신력이 있어. 내 안에는 단지 좋은 생각과 좋은 느낌, 좋은 것만 보고 듣고 맛볼 거야. 내 안에는 단지 좋은 것, 완전하고 온전하고 완벽한 것만 있어. 나는 너(부정적인 생각)를 물리칠 수 있어."

이런 명령은 잠재의식이 잘 듣게 하려면 생각이 많은 단계에서는 효과가 있다. 그러나 더 깊이 생각을 하는 사람들에게 지속되는 생각을 없앨 수는 없다. 그러나 생각을 바로 사라지게 하고 바로 지금, 이 순간으로 돌아오게 하는 방법은 있다. 석가모니의 깨달은 우주의 법칙인 질문법으로 생각을 없앨 수 있다.

생각이 없는 텅 빈 공(空)의 자리에 새로운 잠재의식의 씨앗을 심을 수 있다. 매 순간 자신 내면의 잠재의식의 좋은 것들을 누리게 하는 생각과 감정에 이렇게 질문하자. 지금, 이 순간에 존재하는 것을 방해하는 에고(자아(自我))의 생각들에 대해서 이렇게 질문해 보라.

"무엇인가? 이것은 무엇인가? 보고, 듣고, 생각하고, 말하고, 움직이게 하는 이것은 무엇인가?"

신기하게 생각이 사라지면서 집착하는 마음이 어디로 달아난다. 마음이 밝아지면 계속 반복해서 질문해 보라. 마음속에 환해지면서 부정적인 생각과 감정이 금방 사라지고 지금, 이 순간 여기인 자리로 돌아온다. 가장 쉬운 방법이지만 심오하다. 우리나라 선지식(善知識)과 큰스님들이 마음공부 할 때 쓰는 단 한 가지 화두다.

감정은 기억과 생각에 따라서 만들어진다. 하루 중 자신이 무슨 생각을 하는지 질문해 본 적이 있는가? 그 생각을 왜 하는 것인가? 무의식적으로 돌아가는 생각에 자신의 잠재의식의 좋은 면을 발휘하는 것을 방해받지 않으려면 의지가 필요하다. 생각을 탁 끊는 질문을 해야 한다. 오직 마음에 이렇게 말하라.

"이것은 무엇인가?"

연구에 의하면 우리가 하루에 하는 생각이 5만 가지인데 그중에 4만 9천 가지가 부정적이라고 한다. 통째로 생각을 없애는 질문을 하자. 오직 "무엇인가?" 질문하라. 잠재의식이 좋은 쪽으로 작동되기 위해선 약간의 의지를 지속해서 반복하는 것이 좋다. 부정적인 생각의 잡초가 금방 사라져 잡초밭이 환한 꽃밭이 될 것이다.

1분 명상
생각이 일어날 때마다 알아차리자.

43
잠재의식은 불가능을 가능하게 만든다

　부정적인 생각은 잠재의식에 오랫동안 각인된 것이다. 오랫동안 반복한 결과가 현실이다. 그러면 새로운 잠재의식으로 삶을 다르게 살고 싶다면 오랜 시간이 걸린 만큼의 자동화된 프로그램들을 새로운 믿음으로 나아가게 하면 된다.

　글렌커닝햄(Glenn Cunningham)이란 사람은 다리에 심한 화상을 입어 의사로부터 걷지도 못할 것이라는 선고를 받는다. 그는 잠재의식을 사용할 줄 아는 사람이었기에 의사의 말을 믿지 않았다. 세상에 자신을 증명하기 위해 달리기를 시작하였다. 그 결과 세상에서 가장 빨리 걷는 사람이 되었다. 클렌커닝힘은 도보 경주 선수가 되었다. 이렇게 어떤 일이 있어도 자신의 잠재의식을 믿으면 불가능을 가능으로 바꿀 수 있다.

시크릿의 모리스 굿맨(Morris Goodman) 기적의 사나이 이야기도 잠재의식을 잘 이용한 예이다. 모리스 굿맨은 비행기 추락 사고로 척추뼈가 다 부러지고 호흡기에 의지해 평생 식물인간의 살아갈 운명이었지만, 잠재의식의 힘을 알았다. 눈으로만 깜박이면서 간호사에게 6개월 후 크리스마스 때 걸어서 나갈 것이라고 의사를 표현하고, 24시간 잠재의식에 걷는 상상만 했다. 걷지 못한다는 생각이 단 1초도 들어오지 못하게 했다. 잠재의식은 이렇게 강하게 믿고 상상을 지속한 사람들에게 불가능을 가능으로 바꾸게 해준다.

이것은 우주의 법칙이다. 안 된다는 생각을 버리고 그 자리에서 된다고 생각하고 오직 잠재의식에 상상으로 걷는 모의시험을 지속한 것이다. 자신이 성인이 된 후에 사고가 난 것이니 걷는 방법이라든지 걷는 운동 신경 세포에 명령을 내릴 줄 알았지만, 그것이 어떻게 이루어지는지는 아무도 모른다. 오직 모리스 굿맨 안에 있는 잠재의식의 무한 지성이 강하게 믿고 반복해서 상상을 계속하면 상상이 현실이 된다.

되도록 생생하게 떠올리고 그것 외에는 자신에게 의미가 없는 것처럼 모든 것을 다 걸어야 한다. 한 가지에 모든 것을 몰입했을 때 큰 힘이 나오는 경험을 했을 것이다. 강하게 의식을 모으는 것은 반드시 돋보기가 태양을 검은 습자지에 비추어 한곳에 모을 때 불이 나게 하는 것처럼 에너지를 다르게 변화시키는 힘이 있다. 불가능을 가능하게 하는 힘인 잠재의식은 모든 사람에게 다 있다. 믿고 한 곳에 집중하여 모든 것을 다 해보라. 그것이 여러분이 이 세상에 태어난 목적이다.

많은 사람이 '할 수 없다'라는 일도 '당당하게 해내고 말겠다'라는 용기를 가지고 한번 해보면 잠재의식에 자신감이 생긴다. 그 자신감이 쌓이고 쌓이면 정말 불가능한 것들을 해낼 수 있다.

이제부터 자신이 무한 지성에게 요청하면 그 모든 것을 다 이룰 수 있는 존재라고 믿어라. 남들이 다 하는데 나라고 못 할 것이 뭐가 있겠나.

> **1분 명상**
> 잠재의식은 불가능도 쉽게 가능으로 만든다.

44
잠재의식은
반복하면 변화를 만든다

 사람들 대부분은 '시크릿' 책을 읽었다. 자기 계발 강습회에 나가거나, 의식 관련 모임에 나가거나 책을 읽어도 삶이 바뀌지 않는다고 한다. 이미 대전제에서 '바뀌지 않는다'라는 마음이 잠재의식에 있으므로 안 바뀐다. 대부분 호기심으로 한다. 삶을 진정으로 바꾸고 싶은 사람들은 어떤 조처를 하지 않아도 그 자리에서 상상만으로도 오신통(五神通)을 얻을 수 있다. 우리에게 필요한 것은 집중력이다. 만약 집에 불이 나면 뭘 해야 할 것인가.

 아무 생각 없이 즉시 집밖으로 나와야 한다. 평소 이런 위급한 일은 많지 않아서일까, 우리의 마음 안에는 온갖 중요하지 않은 생각으로 가득하다. 마음에서 중요한 일이라고 생각하면 몰입해서 중요한 일을 해낼 수 있다. 그러나 오만가지 생각들이 중요한 것을 하지 못하게 막는다. 마음 밖으로 빠져나와서 객관적인 나를 바라봐야 한다. 진정으로 바꾸고자 하는지 아니면, 정말 원하는 것이 불이 날 때 튀쳐나오는 것처럼 간절한 것인지. 소망을 구체적으로 정하지 않으면 대전제에서 '이미 안 된다'라는 것이 확실한 신념으로 가져가기 때문에 명확하게 그리지도 않는다.

잠재의식은 주어지는 암시는 분명히 받아들인다. 하지만 이것이 힘을 가지게 되는 임계점은 되풀이하지 않으면 좀처럼 그 암시를 받아들이려고 하지 않는단 사실이다. 대부분의 자기 계발서에서 긍정 확언과 시각화를 강조한다. 그러나 잠재의식의 대가들은 확언을 수천 번 쓰고 외우고 외친다. 그런데 고작 한두 번 정도 하고 삶이 바뀌지 않는다고 한다면 이상한 것이다. 그러면 누구나 다 부자가 되어 있을 것이다. 이것은 우주의 법칙과 자연의 법칙이 아니다. 용문사에 가보라. 1,000년의 나이테를 가진 은행나무는 세월의 풍파에도 불구하고 단단히 버티고 있다. 온갖 비바람, 태풍, 벼락 다 맞으면서 땅 위에 단단하고 위용 있게 서 있겠다고 결정했다. 시작은 오직 잠재의식의 씨앗 안에 다 들어 있었다.

우리는 먼저 어떤 씨앗을 심을지 삶의 이정표를 잠재의식에 입력할 수 있어야 한다. 그 목표가 간절할 때는 매일 오직 그 목표만 생각할 것이다. 그러면 잠재의식은 반복 암시받아 현실에서 꿈을 배달할 준비 한다. 나폴레온 힐(Napoleon Hill)은 《Think and grow rich》에서 소망을 소리로 내는 것도 중요하지만, 그 소리 파동이 반복 함으로써 물질세계에 생겨나는 마음의 변화를 전한다고 했다. 우리에게 익숙한 칭찬은 들으면 좋다. 우리의 꿈도 칭찬해주고 그 목표가 이루어지면 기분이 좋은 감정을 느끼고 감동이 일어나면 우주는 모든 것을 제때 다 가져다준다. 성공한 사람들은 싫증이 나도 버티고, 지루함과 포기하고 싶은 마음도 견딘 사람들이다.

보도 섀퍼(Bodo Schafer)는 독일의 유명한 작가다. 26살에 파산했지만, 잠재의식으로 백만장자가 되었다. 《열두 살에 부자가 된 키라》를 통해 알려졌다. 그는 결국 해내는 사람들은 끝까지 버틴 사람들이라고 했다. 정신력의 연금술사들은 시련을 견딘다는 공통점을 발견했다. 그들은 기회가 올 때까지 인내하며, 실패에서 배우고, 끝까지 잠재의식의 힘을 믿는 사람들이다. 결국 누구도 넘볼 수 없는 큰 성공을 이루어낸다. 반복해서 도전하자. 반드시 된다.

1분 명상
잠재의식은 반복한 사람들에게 성공을 준다.

45
잠재의식은 만능열쇠다

세계적인 성공철학을 연구한 성공철학의 거장인 나폴레온 힐(Napoleon Hill)은 나의 스승 루이스 헤이(Louise Hay)의 성공에도 영향을 주었다. 미국에서 성공한 사람들, 세계에서 큰 성공을 거둔 사람들은 하나같이 나폴레온 힐의 책을 읽었다. 그들에게서 성공철학에 영향을 준 사람을 고르라면 나폴레온 힐이 단연코 목록에 들어있다. 나폴레온 힐은 20년 동안 온갖 역경을 견디고 성공할 수 있는 철학을 완성했다. 책에 성공하는 데 필요한 모든 것, 즉 잠재의식의 활용 방법이 다 들어가 있다.

그는 성공철학을 한 문장으로 정리한다.

"마음으로 상상하고 믿는 것은 무엇이든 이룰 수 있다."

여기에는 교육을 얼마나 받았는지 상관없다. 흑인인지, 백인인지, 아이인지 어른인지 할 것이 없이 모두 마음으로 상상하고 믿으면 그대로 이루어진다. 정규 교육이 없어도 '마음으로 상상하면 무엇이든 이룰 수 있다'라는 말의 증거는 많다.

에디슨(Edison)도 교육이 초등학교 3개월이었다. 루이스 헤이는 고등학교 중퇴자다. 전 세계에서 부자 여성 중 한 명인 루이스 헤이는 진정으로 행복한 삶을 살았다. 즉 성공했다. 나폴레온 힐은 당대 종교인, 지식인들에게 비판받았지만, 훗날 성공철학으로 많은 사람을 부자로 만들었다.

영적 힘을 나폴레온 힐은 알았다. 마음으로 상상하고 믿는 것은 모두 가능하다. 삶의 목표를 정하고 이루는 수단이 상상과 믿음이다. 마음의 통제하에 있는 엄청난 힘에 주목하라고 나폴레온 힐의 스승 카네기(Carnegie)는 말했다. 마음의 힘이 가난보다 강하고, 교육의 결핍보다 강하고, 두려움, 무지보다 강하다는 것이다. 마음의 주도권을 쥐고 목표를 이루는 힘이 잠재의식이라고 했다. 창조주의 선물인 이 잠재의식을 활용하는 방법을 알면 여러분은 바라는 것은 모두 이룬다. 왜냐하면 마음의 통제와 집중은 인간이 가진 유일하게 침범할 수 없는 권리이기 때문이다. 그러므로 외부 환경,

가난, 결핍에 집중하면 원하지 않는 것을 마음에서 상상하고 믿어서 끌어당긴다.

그래서 모든 성공은 구체적인 목표에서 시작된다고 했다. 구체적인 목적지가 왜 중요하냐면 마음이 명령받아 어디로 배가 갈지를 알아야 목적지에 도착한다. 목적지도 입력하지 않으면 배가 바다 한가운데 떠 있다. 혹시 지금의 자신 삶이 그렇지 않은가. 그러면 지금 당장 잠재의식이 이해할 정도의 작은 목표를 정해서 하나씩 이루어보라. 잠재의식이 계속 활동한다는 것을 느끼게 될 것이다. 김승호 회장도 책과 강연에서 항상 부자가 되는 방법 중 강조하는 것이 종이와 펜이다. 목표를 적으라고 수천 번 강조한다.

종이에 목표를 적는 행위를 30년간 했으니 김승호 회장의 자산은 나날이 불어나고 그의 제자인 켈리 최(Kelly Choi) 회장님도 에너지 파동으로 똑같은 길을 걷고 있다. 이유는 잠재의식을 부리는 방법을 스승에게서 배워서 그대로 적용했기 때문이다.

1분 명상
여러분도 이제 잠재의식의 만능 마스터키를 쥐라.

46
이제부터 잠재의식을 이용해서 경제적인 부를 이룰 방법을 실천하라

지금까지 잠재의식에 대해서 읽었다면 무엇인 문제인지 발견했을 것이다. 먼저 자신에게 불타는 소망이 있는지를 물어보라. 없다면 생길 때까지 찾아야 한다. 우주의 무한한 보고에 닿는 방법이 있는데 이걸 모르고 다른 많은 사람이 누리는 풍족함을 못 누리고 다음 생으로 간다면 너무나도 억울하다. 방법을 알려줄 테니 다른 누구의 말도 듣지 말고 이 원칙을 꼭 지키라. 필자에게도 다 작동한 방법이다.

① 여성과 남성 누구나 할 것 없이 경제적인 독립을 이루겠다고 결심해야 한다. 특히 여성은 앞으로 남성 없이 살아갈 날이 많이 있게

될 것이다. 여성은 반드시 스스로 누구에게 의지하지 않고 부를 언제든지 벌어들일 방법을 공부해야 한다. 마음속에 간절함이 생기기 전까지 찾아라. 가슴 뛰는, 잠을 자지 않아도, 목숨도 아깝지 않은 목표를 정하라. 그리고 그 한 가지를 종이 적는다.

② 다른 사람들이 나에게 말하는 것 말고, 자신이 진정으로 하고 싶은 것이어야 한다. 그래야 평생 지속할 수 있을 것이기 때문이다. 좋아하지 않는 일은 몇 년 못 간다. 반드시 그만두게 되어 있다. 좋아하면서 정말로 이 생애 하고 싶은 사명을 다 할 수 있는 품목을 고르라. 그리고 거기에 집중한다. 자신이 좋아하는 일을 상상하라.

③ 마음속에 품은 성공에 대한 목표와 부에 대한 계획을 다른 사람들에게 함부로 말하지 말라. 앞에서도 말했듯이 사람들 대부분의 잠재의식과 무의식의 말은 의식하지 않는 한 부정적이다. 목표를 말하는 순간 잠재의식이 서로 연결되어 거기에 대해 평가하거나 비판할 것이다. 그러면 목표를 이루려고 행동하기도 전에 좌절한다. 이 부분을 많은 사람이 간과하기 때문에 성공한 사람들이 적은 것이다.

④ 계획을 세웠으면 언제까지 해내겠다는 한계선이 있어야 한다. 그 한계선이 없으면 평생 시간을 길게 늘어놓아 언제가 달성지점인지 모른다. 비행기가 도착하는 시간, 기차가 도착하는 목적지의 시간

이 정확해야 한다. 6개월, 1년, 3년, 5년 10년 이렇게 정하라.
⑤ 외부세계가 어떻든, 불안하고 초조해 하지 말고 앞으로 나아가라. 경제적인 독립을 열망하고 계획하여 종이에 쓰고 행동하면 그 꿈이 이미 마음속에서 실현되어 있다. 상상이 먼저이고, 그 다음 믿음, 그 다음은 현실에서 누리는 것이다. 다른 사람들도 해냈다면 당신도 할 수 있다.

1분 명상
부의 성공의 법칙을 철저히 잠재의식과 교류하기 위해 지킨다.

47
잠재의식이 주는 정보를 듣기 위해 조용한 시간을 가진다

단기 목표이건 장기 목표이건, 일단 정했다면 절대적으로 믿어야 한다. 잠재의식은 그것을 믿지 않는 사람들에게는 절대로 일하려 하지 않는다. 이것을 반대로 말하면 목표가 이루어질 거라고 절대적으로 확신하는 사람들에게는 절대적으로 충실하게 잠재의식이 일한다.

확신이 있으면 조용히 내면에서 무슨 말이 나오는지 들어 본다. 희망 사항이나 가볍게 이랬으면 좋겠다는 목표를 잠재의식에 전달해서 실험해 보라. 이미 그 일이 성취된 느낌으로 감사하자. 커다란 꿈도 이미 이룬 듯 행동하면 마음이 평화로우므로 내면이 고요하다. 이때 내면의 고요한 순간에 나오는 직감이 영감이다. 영감을 따라 행동해 본다. 결과가 바로 나오지 않을 수도 있다. 여기에서 중요한 것은 시간이 걸릴 수도 있으니 결코, 서두르지 말고, 느긋하고 여유롭게 고요함을 유지해야 한다. 시간이 얼마나 걸리는지는 잠재의식이 알아서 한다.

모든 준비가 잠재의식에서 완료되면 여러 가지 생각이 계획들을 동시성으로 보여줄 것이다. 그러면 그런 실천 과제들을 즉시 받아들인다. 그 후, 명령에 따라 행동하기만 하면 된다. 잠재의식은 명령에 충실하여서 누군가 "이런 거 해 봐!"라고 제안하면 주저함이 없이 해야 한다.

필자도 잠재의식에 명확한 목표를 입력한 지인에게 이 실험을 해봤다. 많은 분이 지인의 꿈에 대한 정보를 발산하여, 그 자리에서 지금 당장 그 회장님을 만나러 어디로 가라고 지인에게 전화를 걸어 명령했다. 그런데 정말 그 회장님이 지인에게 큰 사업적 영감을 주는 큰 스승이 되었다.

항상 정당한 요구를 잠재의식에 보냈으면 기다리면 된다. 이때 필요한 것은 끈기다. 잠재의식이 직감적인 영감을 주었을 때 주저하지 말고 그 명령에 순종해야 한다. 절대로 의심하거나 망설이지 말고 행동하라. 큰 성공이 기다리고 있다. 잠재의식은 절대적으로 신뢰한다는 것을 행동으로 보여줘야 최선을 다한다. 논리적으로 엉뚱한 충동이 일어나도 잠재의식이 행동하라는 소리이니 직감을 따르자.

잠재의식이 잘 들려주는 소리는 내면이 고요할 때이다. 하루 중 어느 때라도 조용한 시간을 가져야 한다. 철학자 에머슨(Ralph Waldo Emerson)은 잠재의식을 이렇게 말했다.
"신들이 속삭임을 듣기 위해서는 마음을 고요하게 하라."

여기서 신들이란 잠재의식의 무한 지성을 말한다. 조용한 새벽 시간이 잠재의식이 가장 잘 활동한다. 김미경 강사는 성공하는 사람들은 새벽 4시에서 6시에는 종교의 신들이 모두 깨어있는 시간이라고 농담으로 말했다. 그것이 잠재의식의 원리다. 정적이란 잠재의식의 무한한 예지가 반드시 감응하여 여러분에게 답을 주는 시간이다. 그 시간을 매일 하루에 한 시간 자신을 위해 따로 떼어 내어라.

성공한 사람들의 공통점 중 하나가 하루 중 어느 시간 때라도 조용히 명상하거나 기도하는 시간을 가진다는 것이다.

1분 명상

하루 중 어느 때라도 고요한 시간을 가지라.

48
잠재의식을 개발하기 위해선 마음을 고요하게 하라

 잠재의식 전문가인 필자는 아들을 대학에 보낼 때도 잠재의식을 이용했다. 아들이 학교 때는 운동해서 공부에 관심이 없었다. 운동을 맘껏 하게 놔두고, 진로는 스스로 결정하게 했다. 모든 것은 잠재의식에 맡기에 아이들 고등학교에서는 통솔력을 보이고 반장을 하고, 적극적으로 활발하게 생활하여 조용히 기적을 믿고 좋아하는 것을 계속하라고 격려했다.

 엄마인 필자는 아들이 대학에 이미 합격한 이미지를 벽에 붙이고 "축하합니다."라고 기분 좋은 소리를 듣는 것만 상상했다. 주변 사람들을 격려하고 조용히 새벽마다 기운이 좋은 곳에 가서 기도

하고, 기분이 좋아지는 상태에 고요히 잠재의식의 메시지를 들었다. 그때마다 잠재의식이 "아들에게 이렇게 제안해 보라"고 하고, 합격했을 때의 일들을 아이에게 말했다.

이미 합격은 이루어진 것이라고 확신했다. 마음이 굉장히 평온하고 고요했다.

신기하게도 아들이 그렇게 가고 싶어 했던 대학의 과에 수석 장학금을 받고 합격을 한 것이 아닌가. 이미 필자는 많은 사람을 그렇게 지도하고 가르쳐서 안다. 대학 교수로 임용이 떨어졌는데도 자리가 만들어져 합격해서 정교수가 되게 안내했다. 아이들이 명문대 갈 실력이 안 되는데도 이렇게 잠재의식의 무한 지성을 사용하는 방법을 알려주었다. 하라는 대로 한 분들은 다 잘 합격하는 불가사의한 일들을 직접 경험했다. 확신할 수 있다.

지금 상황이 어떻더라도 조용한 시간에 잠을 푹 자고 일어나서 잠재의식과 친해지자. 그러면 반드시 내면에서 이미지가 떠오른다. 그 이미지대로 행동한다. 머피 박사도 아들을 대학에 보내고 싶어 상담을 온 부모들에게 이렇게 충고한다.

"무한 지성의 힘은 누구에게나 있습니다. 하루 중에 자주 조용한 시간을 내어 의식이 표면에 드러나는 것을 보십시오. 잠재의식이 의식으로 말하게 할 겁니다. 우선 자신의 외부 환경을 모두 차단하고, 방문을 닫거나, 조용한 곳으로 가서 긍정적인 심상을 만들어 이미 이루어진 모습을 보십시오. 매사에 부정적인 모습을 보는 습관을 버리고 이제 오래된 부정적인 습관의 잡초를 완전히 뿌리째 뽑아 버리세요."

습관의 잡초는 나무처럼 뿌리가 단단히 박혀 주변 식물의 성장을 방해한다. 그런 잡초는 나기 전에 뿌리째 뽑아야 한다.

머피 박사의 조언대로 부정적인 생각이 가득한 아버지는 이렇게 자기 전에 기도했다.
"무한한 지성이 나를 위해 지금 길을 열어 보여주고 있다. 그리고 나는 잠재의식의 그 행복을 받음으로써 번영해 간다. 신이 아들을 대학에 들어가도록 도와준다. 풍요로운 부가 내 곁에 다가온다."

이 기도는 아들뿐만 아니라 자신이 옛 고용주를 찾아가야 한다는 잠재의식의 답을 얻고, 더 많은 급료를 받게 되고, 아들의 대학 문제는 자연히 해결되어 있다.

1분 명상

고요히 자신 내면의 소리를 들어보자.

49
잠재의식의 긍정은
천운도 움직인다

성공하기 위해선 평소 몸과 마음을 잘 닦아야 한다. 사념(邪念)이 없는 상태가 되어야 무한 지성이 힌트를 잘 준다. 산에 좋은 기운이 많다. 고주파수의 진동을 몸에 받아 건강한 정신을 만들고, 평소에 독서, 운동, 기도, 몸을 움직이는 활동을 적극적으로 할 필요가 있다. 움직인다는 것은 좋은 긍정의 기운이 나와 귀인들을 만나게 해준다.

스스로 부정적인 마음 습관에서 긍정하는 습관을 들이면 하늘이 기다렸다는 듯이 때에 맞는 사람들을 보내 준다. 이미 이룬 것처럼 상상하여 감사하며 기다렸기 때문에 진정으로 바라는 목표는 때가 되면 다 이루어진다. 그런데 목표를 자꾸 바꾸면 의심을 하는 것이라고 받아들이고 잠재의식의 힘이 약해진다. 자신이 진정으로 바라는 것이 있으면 이루어질 때까지 일관성 있게 나아가라. 천운도 따르게 하는 것이 자신의 잠재의식이다. 큰 부도, 큰 성공도 모두 내면의 잠재의식이 도와주니 스스로 만드는 것이다.

긍정이란 자신이 원하는 것을 하게 되는 것을 말한다. 두려움이 있으면 있는 그대로 받아들이고 그대로 긍정하면서 '할 수 있다'라는 마음을 가지고 자신감 있게 나아간다. 긍정의 다른 말은 믿음, 신뢰, 신념이다.

자신에 대한 믿음은 수행자가 수행하듯 수련하는 시간이 필요하다.

평소 말하는 습관에도 주의가 필요하다. 모든 사람은 성장을 바라고 더 풍요롭고 발전하기를 원한다. 대화 중에도 항상 꿈에 관련된 이야기와 발전적인 대화를 하는 사람들을 주변에 두어야 한다. 무슨 말을 할 때마다 안 된다고 부정적으로 이야기하는 사람들이 있으면 잠재의식이 방해받는다. 철저히 에너지가 긍정으로 무장되게 주의를 잘 단속하자. 사람들이 누군가를 헐뜯고, 비난하고, 흠을 잡을 때 그 자리를 나오거나, 이야기의 주제를 바로 바꾸거나 전화라면 끊어버리자.

우리가 내뱉은 말이나 생각은 빵의 이스트가 불어나듯이 몇 배로 불어나 결국 본인에게로 다 돌아온다. 그러므로 자신을 향해서건 타인을 향해서건 긍정적으로 말하는 것이 잠재의식을 개발하는 데 좋다.

미국의 목사인 캐서린 폰더(Catherine Ponder)는 가난한 미망인 시절에 부에 관한 잠재의식의 비밀을 알고 나서 부정적인 생각과 말을 하지 않아 엄청난 부를 이뤘다. 항상 사람들에게 이렇게 설교했다.

"여러분은 인생을 다시 시작하기에 늦지 않았습니다. 과거에 성공해봤으니까 다시 성공할 수 있어요. 이미 성공에 필요한 모든 자질을 갖추고 있습니다. 이미 일어난 일은 우리 모두에게 유리한 일이라고 결정하세요."

대화할 때 가능하면 잠재의식에 상대의 성공을 축복하고 기원하고 잘 되길 바라는 것이 좋다. 습관이 안 되어 시기 질투가 나더라도 이를 꽉 물고, 칭찬하라. 칭찬은 부의 근간이다. 칭찬이 팽창의 중요한 비밀이다. 현재의 좋은 점을 강조하여 밝은 면을 보도록 격려하라.

1분 명상

긍정적인 대화를 잠재의식에 새기자.

50
미래에 일어날 일을 지금 감사하면 잠재의식은 적극적으로 도와준다

시크릿의 열풍이 불었던 2008년도에는 지금의 AI가 등장할지 상상하지도 못했다. 그러나 누군가는 반드시 미래에 인공지능을 가진 로봇이 이 세상을 바꿀 거라는 상상을 했을 것이다. 그것이 미래이지만, 과거가 되어 버렸다. 잠재의식은 과거, 현재, 미래의 구분이 없이 강하게 상상하고 기쁘고, 감사한 감정을 느끼면 무조건 창조한다.

그래서 제안하는 것이 지금 일어나는 일이 만족스럽지 않더라도 항상 감사하고, 미래에 일어날 일을 끌어당겨서 지금 감사하면 똑같이 지금 상상한 것이 과거가 될 현실이 다가온다. 론다 번은 시크릿의 인기몰이 이후에도 계속해서 감사를 실천했다. 잠재의식의 대가들은 만나 영화를 만들고 인터뷰도 하고, 글을 쓰고, 스승들을 만나면서 행복도가 완전히 바뀌었다.

그녀는 항상 잠재의식을 이야기할 때 감사하기를 강조한다.
"인생을 위대하게 하고, 행복하게 하고, 원하는 대로 이루어지게 해주는 비밀이 감사에 있다." - 론다 번(Rhonda Byrne)-

모든 사람은 자신이 이 세상에 태어남으로 인해서 세상에 기여하고 싶은 욕구가 있다. 그 비밀이 감사에 있고, 만족하고, 행복한 삶을 살게 하는 비법이 감사라고 하니 잠재의식에 감사를 적극적으로 입력해 보자.

불교나 기독교, 힌두교 등 모든 종교에서 한 가지 일치하는 공통 사상은 '감사'다. 그러면 일치되는 하나의 힘이 뭔가 이유가 있으니까 공통으로 감사하라고 하는 것이다. 불교에서는 가장 행복한 사람이 지금의 현 상황에 감사하고 만족하는 사람이라 했다.

고 정주영 현대 그룹 회장님도 "긍정적으로 사고하고 향상된 미래를 매일 꿈꿔라."라고 말하며 매일 새벽에 3시나 4시에 일어나서 미래를 긍정적으로 상상하고 공상을 즐긴 뒤 감사했다고 한다. 잠재의식에 감사의 힘으로 바라는 그 모든 것을 후대를 위해 창조한 위대한 분이다. 그런 회장님은 사회에 큰 기여를 많이 해서 장학 재단, 병원, 복지 등 기업 이외의 부분에서도 공헌을 많이 하신 분이다.

소원이나 목표를 이미 이루어진 미래가 아니라 지금이라고 상상하면서 진심으로 감사해보자. 기적이 일어날 것이다. 그리고 적극적으로 감사한 행동을 실천함으로 인해서 사회에 많은 기여와 공헌을 할 때 이 세상을 살아가는 자체가 지복(至福)[7]인 삶이 될 것이다.

> **1분 명상**
> 잠재의식은 감사를 실천하는 사람에게 백만 배의 힘이 나게 한다.

---

[7] 지복(至福) 그 위에 더없는 행복

51
명확한 목표를 계속 그려야 24시간 달성하기 위한 잠재의식이 작동한다

많은 사람이 지금의 삶보다 더 나은 생활을 꿈꾼다. 그러나 구체적으로 자신이 무엇을 원하는지 그 목표가 정확하지 않다. 목표란 별똥별이 떨어지는 1초 만에 완벽히 자신이 원하는 것을 말할 수 있는 것이어야 한다. 그런 명확한 목표를 가지고 행동하는 사람에게는 신기한 일이 일어난다.

잠재의식은 세상의 모든 사람을 동원해서라도 그 목표를 이루도록 밤낮으로 일한다. 목표를 명확하게 하려면 목표를 종이에 적어야 한다. 종이에 적지 않으면 허공으로 사라진다. 종이에 적는다는 자체가 그것을 현실에서 나타나게 하겠다는 하나의 의식이다.

우주는 이런 의식을 좋아한다. 적어 놓으면 잠재의식이 명령으로 받아들여 서랍에 넣어두거나 타임 캡슐에 넣어두어도 이루어진다. 우주의 주문서다. 물질화하겠다는 목표가 없으면 적지도 않을 것이다.

미국의 토크 쇼의 여왕인 오프라 윈프리는 2000년 새로운 시대를 맞이하여, 시청자들과 타임캡슐을 만들었다. 잠재의식을 완벽히 숙달한 오프라 윈프리는 시청자들에게 이렇게 시켰다.

Oprah 2000

Time Capsule

Goals I want to reach by 2000 (2000까지 이루고자 하는 목표)

- _____
- _____
- _____
- _____

How would you like your life to make change by 2000? (2000년까지 삶이 어떻게 바뀌었으면 좋겠나?)

- _____
- _____
- _____
- _____

What would it take to make you happier? (당신을 더 행복하게 하기 위해서는 어떤 것이 필요한가?)

- _____
- _____
- _____
- _____

결과는 적은 대로 모두 다 이루어졌다.

1분 명상

종이에다 명확한 목표를 적어 타임캡슐에 보관 후 개봉 시간에 본다.

52
잠재의식은 성공한 사람들 주변에 운을 많이 배치한다

지금의 잠재의식을 바꾸려면 이미 내가 가고자 하는 길을 간 분들을 찾아가야 한다. 현재 자신의 제한된 의식으로는 잠재의식을 바꾸는 데는 시간이 걸린다. 가장 빠른 길은 멘토를 찾거나 스승을 찾는 것이 좋다. 그들은 운이 좋다. 롤모델을 만나면 잠재의식이 긍정적으로 바뀐다.

만약 주변 친구들을 봐서 내가 바라는 정도의 성취를 이루지 않았다면 그들과는 잠재의식의 목표에 관해서 이야기하지 않는 게 좋다. 조언들이 부정적인 것이 많기 때문이다. 앞서도 이야기했듯이 잠재의식은 의식에서 명령받은 것을 그대로 믿으면 현실에서 나타나게 하는 힘이 있다. 그러니, 꿈에 관련하여 어떤 부정적인 정보도 간섭받아서는 안 된다. 그러나 멘토들은 그 과정을 다 겪었기 때문에 객관적인 조언을 해줄 수 있다.

　멘토를 찾는 방법은 여러 가지가 있다. 그들이 하는 강연이나 책을 찾아보는 것이 좋다. 되도록 그들을 직접 만나서 자주 교류해야 한다. 적극적으로 먼저 움직여서 배우는 자세로 겸손하게 가서 도움을 요청해라. 반드시 큰 지혜와 위대한 정신적 유산을 남겨줄 것이다. 아무것도 몰랐던 필자도 이미 가고자 하는 길을 가고 다 이룬 분을 찾아가 스승을 삼아서 배우고 있다. 그들에게는 불가능한 일을 가능하게 하게 하는 묘한 힘이 있다. 특별히 어떤 도움을 주는 것이 아닌 딱 한 마디 해주시는데 그것이 큰 힘이 된다.

　이미 뭔가 이룬 스승들은 그들 주변에는 운이 아주 많다. 좋은 운, 즉 성공 기운이 많으므로 그들의 주변에는 사람들이 아주 많다. 사람이 운을 벌어다 준다는 것을 알기 때문에 대인관계도 잘 맺고 잠재의식이 거의 우주의 크기로 뻗어있다.

　워런 버핏도 현명한 투자자인 벤저민 그레이엄의 책을 읽고 그를 무척 존경하게 되었다. 얼마나 좋아했으면 그레이엄을 만나고 싶어 그가 교수로 재직하고 있던 컬럼비아 대학원에 입학까지

했다. 그의 책을 달달 외우고 수제자가 되어 개인적인 친분을 쌓았다.

워런 버핏은 크게 성공한 이후로도 자신의 공을 스승인 벤저민 그레임의 영향력이 85%라고 고백했다. 워런 버핏은 자신의 롤모델을 찾아가 그와 시간을 많이 보냈다. 이것이 핵심이다. 잠재의식은 롤모델과 똑같은 사람을 만들도록 무의식중에 습관, 태도, 생각하는 기능 등 모든 것을 다 카피하게 된다. 그러니 지금 자신의 상황을 극적으로 신속하게 바꾸고 싶다면 선지식(善知識)[8]을 찾아가라.

만약 자신의 목표가 깨달음이라면 이미 깨달은 분을 찾아가서 좋은 가르침을 받아야 한다. 여기서 주의할 점은 엉뚱한 사람들을 찾아가면 인생을 크게 망칠 수도 있다는 점은 명심하길 바란다.

물론 시간을 크게 돌아 돌아 낭비한 후에 깨닫게 될 수도 있지만, 그렇지 못할 수도 있다.

1분 명상
지금 자신이 찾아가야 할 롤모델은 누군인가?

---

8 선지식(善知識) 바른 도리를 가르치는 사람.

53
의식에 뭔가 배우려는 자세가 있으면 잠재의식은 금방 성공시킨다

우리가 체험하는 현실은 우리의 의식이 생각과 기대를 통해서 만든 것이다. 잠재의식에 놀라운 기대를 보내면 놀라운 결과가 나온다. 오죽했으면 빌 게이츠의 아침 일어나자마자 확언은 "I can do anything(나는 무엇이든 할 수 있다). Greatest fortune is coming to me now(뭔가 큰 행운이 나에게 오고 있다). 이렇게 무엇이든 할 수 있다고 아침마다 잠재의식에 심은 사람들은 세상에서 무엇이든지 배워서 그것을 모두 잠재의식에 입력해 바라는 모든 성공을 끌어당긴다.

일본의 최고 부자인 사이토 히토리도 매일 아침에 일어나서

"나는 운이 끝내주게 좋다."는 확언을 1000번 한다. 잠재의식에 이 긍정 확언이 큰 기대를 해오게 만들고 결국, RAS[9]에서는 운이 좋은 동시성 들을 계속 배달해 배움의 소재로 사용하게 했다.

그는 세상에서 출세한 사람들과 출세 못한 사람들의 머리가 뭐가 다를까요?"라는 질문에 나폴레온 힐의 말처럼, 학력, 성별, 인종, 종교 등 성공은 외부의 환경이 아니라 잠재의식이라고 말했다.

사이토 히토리 씨는 제자들은 억만장자로 만든 사람으로 유명해졌다. 잠재의식이 잘 작동하는 말을 제자들에게 가르쳐 기적을 일으키고 있다.

그의 제자 미야모토 마유미씨는 돈을 부르는 말버릇을 통해 부자가 되었다. "감사합니다"라는 말을 잠재의식에 완전히 새기라는 스승의 가르침을 배우고, 처음에는 감사라는 말 자체도 잘 안 나왔는데 교토에 '긴자 마루칸' 직장에서 '감사합니다'라는 말이 끊이지 않게 만들었다. 잠재의식으로 큰 부호가 된 스승의 가르침의 핵심은 잠재의식에서 나오는 말버릇이다. 간단한 것을 배우지 않고 실천을 안 했다면 마유미 씨도 까칠하게 살았을 것이다. 멘토는 정말 중요하다

---

9 RAS(reticular activating system) 망상체활성화계. 뇌간의 백질과 회백질이 혼재한 조직인 망상체에서 대뇌피질(대뇌겉질, cerebral cortex) 전체로 흥분을 전달하여 각성과 의식을 유지하는 경로를 말한다. 여기에 이상이 있으면 의식장애가 발생한다. (출처:의학 · 간호 약어 해설 사전)

사이토 히토리 씨는 제자들에게 성공은 눈과 발로 하는 것이라고 말했다. 장사를 잘하려면 잘되는 가게에 가서 그들의 잠재의식을 보고 오라고 한다. 왜냐하면 상인들에게는 실험실이 없으므로 직접 잘 되는 가게에 가서 그들이 잠재의식에 손님들에게 인사하는 소리의 크기, 밝기, 손님을 맞이하는 법, 실내장식, 상품 진열 등 모든 것을 보고 오라고 한다. 그 가게에서 배울 점을 따라 하면 된다고 성공하고 싶은 사람들에게 말한다.

장점을 보고 연구하는 자세야말로 운이 좋은 자세다. 아무것도 하지 않으면서 하늘에서 성공이 떨어지기를 원하는 사람들이 너무나도 많다. 하지만 잘 되는 곳은 그곳에 독특한 양념과 신선한 재료, 적당한 가격 등 주인의 잠재의식을 반영하고 있기에 적극적으로 찾아가서 배워야 한다.

그는 다시 한번 강조하기를 성공은 눈과 발이라고 한다. 직접 가서 배울 수 있는 적극적인 자세야말로 하늘도 땅도 움직이는 힘을 내게 한다. 잠재의식을 바꾸려면 적극적으로 움직여 배우는 자세로 살자.

1분 명상

멘토나 주변에 성공한 사람들에게 적극적으로 배워서 운을 끌어당기자.

54
잠재의식을
강력하게 바꾸는 말

 일본의 최고 부자인 사이토 히토리 씨는 제자든 강연이든 항상 최고의 말을 쓰라고 강조한다. '감사합니다'라는 말이 지닌 굉장한 힘에 대해서 이렇게 말했다.

 "감사합니다!"라고 타인에게 혹은 허공에 하는 말은 "고맙습니다!"라는 말 보다 위에 있는 최고의 말입니다. "고맙습니다."라는 안 좋은 일이 생겼을 때 그 에너지를 끊는 용도를 씁니다. 하지만, 기쁘고 감사한 일에는 그 기쁜 일을 강화하기 위해서 "감사합니다."라는 단어를 무의식적으로 씁니다. 잠재의식이 더 강하게 새겨지는 말이니, "감사합니다."라는 말을 소중히 여기십시오. 저는 이 말을 소중히 여긴 덕분에 태어나서 지금까지 한 번도 힘들었던 적이 없었습니다. 이 말을 믿는 사람에게 기적을 일으키는 말입니다."

사이토 히토리의 제자는 "감사합니다."라는 말을 배운 후로 쭉 이 말을 계속 사용한 결과, 평범한 사무직에서 억만장자가 되었다. 참 신기하다. 사람들은 이렇게 자기계발서에서 하라고 하는데 실천하는 사람들이 많지 않다. 필자도 계수기를 손에다 차고 40만 번 이상 해보라고 해서 그대로 해 보니, 매 순간 기적이 일어난다. 풍요와 일이 잘되는 것은 말로 할 수 없을 정도이다. 그렇게 되는 것을 믿는 것이 잠재의식이 기적을 창조하는 공식이다. 책을 읽고 그냥 말 것인가? 아니면 진짜 한번 해보라고 하니까 해볼 것인가. 선택은 모두 마음 안에 있다.

무엇을 하든 잘 풀리는 사람과 반대로 잘 안 풀리는 사람들의 차이는 잠재의식이다. 잘 풀리는 사람들은 잠재의식이 완전히 믿을 때까지 '감사'를 마음 안에 선택한 사람들이고 잘 안 풀리는 사람들은 불평과 불만을 입에 달고 산다. 사이토 히토리 씨는 나쁜 일에도 감사하라고 말한다.

이미 일어난 일은 원망하고 불평해봐야 지나간 시간을 바꿀 수 없으니, 두 번 다시 그런 일을 겪지 않겠다는 교훈으로 삼아 감사한 마음으로 잠재의식을 돌리면 긍정적인 방향으로 인생이 바뀐다고 했다. 그러면 틀림없이 다음부터는 안 좋은 일이 생기기 전에 조심하게 될 것이다.

매사에 감사하는 사람은 제대로 된 교훈을 얻는다. 무슨 일이든 긍정적으로 받아들이게 되니, 일이 착착 진행된다. 이런 하나하나의 잠재의식이 작게 쌓여 큰 성공을 이루게 하는 것이다.

무슨 일이 생기든, 이제부터는 잠재의식에 감사의 핸들을 쥐고 주인공으로 살아가라. 그렇지 않으면 불만, 원망, 시기, 질투, 불행을 더 많이 끌어오게 될 것이다. 인생이 좋은 방향으로 흘러가려면 자신이 운전대의 핸들을 쥐고 원하는 곳으로 가는 '감사의 핸들'을 잘 활용하자. 그것이 잠재의식에 기적의 목적지로 데려다줄 것이다.

> **1분 명상**
> 인생이란 주인공은 감사의 핸들을 쥐고, 자신의 인생을 운전한다.

55
잠재의식은 인생의 시나리오를 원하는 시나리오로 선택할 수 있다

인생은 시나리오다. 많은 사람이 원하는 인생 각본을 제대로 쓰지 않는다. 이유는 잠재의식을 사용하는 방법을 가르쳐주는 사람들이 소수이기 때문이다. 배운 적이 없는데 어떻게 쓰겠는가. 인생이 영화의 시나리오와 같고, 원하는 시나리오를 스스로 선택할 수 있다면 삶이 어떻게 바뀔까?

러시아 물리학자 바딤 젤란드는 러시아 시크릿에 열풍을 몰고 온 작가다. 양자물리학자이며 현대의 신비 가라고 불리는 그는 《리얼리티 트렌서핑》을 통해 펜듈럼이라는 파괴적인 에너지를 조심하라고 했다.

진자(振子)의 추인 이 펜듈럼이 잠재의식에 "나는 할 수 없어. 이건 너무 어려운 일이야. 나는 잘될 수 없어."라고 인생 시나리오에 새기면 파괴적인 시나리오가 선택된다. 자신도 모르게 인생이 파괴적인 방향으로 흘러간다. 이런 시나리오의 방향에 빠지지 않도록 바딤 젤란드는 두 가지 핵심 의식을 잠재의식에다 심을 것을 제안했다. 바로 시나리오에 '긍정'과 '감사' 이 두 가지를 의식하라 했다. 새로운 시나리오를 쓰면 펜듈럼은 사라진다. 이 긍정 에너지가 우리 인생에 새로 써지면 펜듈럼은 사라진다. 그래서 성공한 사람들은 하나같이 전부 '긍정해라', '행복해라'라는 말을 달고 사는 것이다. 펜듈럼을 알아차리기만 하면, 여러분은 모든 것을 다 통제할 수 있다.

만약 싫어하는 일에 반응하는 습관이 잠재의식이라는 토양에 뿌리 박혀 있으면, 긍정적으로 반응하는 것이 어렵다. 이때 바로 '긍정', '감사' 두 가지를 기억해야 한다. 성공학의 대가 나폴레온 힐도 그의 성공 철학에서 제1번을 긍정적 마음 자세 PMA(positive mind attitude)라고 꼽았다.

성공한 사람들은 의도적으로 부정적인 말과 생각을 잠재의식에 심지 않는다. 정주영 회장이 항상 쓰는 말 "이 봐, 그거 해보기나 했어? 반드시 해낼 거야. 할 수 있어." 이 3마디가 현대를 세계적인 기업으로 키웠다. 여러분은 하루 중에 자신에게 얼마나 많이 "나는 반드시 해낼 거야. 나는 반드시 잘될 거야. 나는 할 수 있어."라고 말하는가. 이렇게 의도적으로 잠재의식에 말의 씨앗을 심지 않으면 펜듈럼이라는 에너지에 지배당한다.

《백만 불짜리 습관》의 저자 브라이언 트레이시도 항상 잠재의식에 자신의 힘이 떨어지면, "I like myself. I love myself. I can do it."이라고 펌프질해서 계속 긍정의 말을 주입하라고 강연에서 말했다. 이미 성공한 사람들도 펜듈럼이라는 에너지에 지배당하지 않기 위해 긍정을 의식한다. 평범한 사람들이 성공을 꿈꾸는데 그런 의식적인 노력조차 안 한다면 어떤 인생의 시나리오가 써질까?

이제부터는 의식하는 마음으로 펜듈럼의 존재를 알아챈 다음, 반드시 긍정하자.

1분 명상
자신 삶에 오직 긍정과 감사의 시나리오를 쓰라.

56
아침에 일어날 때
거울에 붙일 긍정 확언을 만들라

아침에 일어날 때 자신에게 하는 말이 가장 강력히 잠재의식에 들어간다. 이 시간을 완벽한 타이밍으로 만든다. 아침에 일어나서 무슨 말을 스스로 하는가? 성공한 사람들은 잠재의식을 완벽히 통제할 줄 아는 사람들이다. 그들은 확언 전문가다. 확언이라는 것은 잠재의식에 자신이 원하는 바를 언어로 표현하는 것이다.

확언은 이루고자 하는 목표나 앞으로 되고 싶은 삶의 자질들을 아주 간단하게 "나는 ~이다, ~을 가지고 있다."로 만든다. 미래는 현재에서 만들어진다. 만약 미래가 지금보다 더 행복해졌으면 좋겠다는 사람들은 반드시 확언에 숙달해야 한다. 앞으로의 일을 표현하고 반복하고 변화되는 과정을 확인하는 게 확언이다. 확언이란 내 신념에 대한 긍정적인 자기 암시다.

자기 암시는 잠재의식에 반복할 때 잘 듣는다. 확언은 목표와 꿈과 삶의 목적에 대한 보험증서를 스스로 마음에 발급하는 것과 같다. 잠재의식은 이 긍정 확언에 대해서 돈을 달라고 요구하지 않는다. 오직 반복할 것을 요구한다. 쉽게 말해서 원하는 것은 이것이니 잠재의식에 이거 달라고 명령하는 것이다. 기독교인들과 종교를 믿는 사람 중 성공한 사람들이 많은 이유는, "~ 달라, ~도 달라, 좀 주십시오."라고 거듭 기도를 하기 때문이다. 이것은 잠재의식에 암시로 작용한다. 하지 않는 것보다 기도는 하는 것이 좋다.

만약 아침에 일어났을 때 잠재의식에 긍정의 말이 안 나오면 반드시 확언을 익혀야 한다. 부정적인 말이 올라올 때 바로 다음과 같은 확언을 쓴다. 혹은 외친다. 거울 속에 비친 자신 눈을 보면서 또박또박 1년만 매일 읽어보자.

- 나는 내가 사랑하고 좋아하는 일을 한다.
- 나는 특별하고 멋지고 재밌는 사람이다.
- 나는 매일 성장하는 행복한 사람이다.
- 나는 모든 면에서 낙천적이고 긍정적이다.

· 나는 어떤 것이 나에게 오더라도 잘 다룬다.

· 나는 뇌가 점점 더 발달하고 몸과 마음이 건강하다.

· 나는 영감, 힘, 사랑, 감사, 용기, 웃음, 유머 넘친다.

· 나는 모든 존재를 사랑하고 그들에게 사랑받는다.

1년 동안 하루도 빠지지 않고 이 긍정문을 거울 앞에 붙이고 아침에 일어나자마자 읽어보라. 성공한 사람들은 삶을 송두리째 바꾼 긍정 자기 암시 문을 매일 크게 읽는다. 자신의 확언을 만들어서 10가지 정도로 이루고자 하는 목표를 적어서 매일 읽는 것이 좋다. 자신이 닮고 싶은 롤모델이 어떤 확언을 썼는지 찾아서 반드시 하루도 빠지지 않고 적용해 보라. 잠재의식에 완전히 믿음으로 새겨져 송두리째 삶을 긍정으로 바꾸게 할 것이다. 자기 전에도 읽으면 더 좋다.

> **1분 명상**
> 성공한 사람들의 긍정적인 생각을 완전히 자기 것으로 만들라.

57
잠재의식은 긍정의 글을 쓸 때 끌어당김이 강해진다

긍정은 마음을 밝고 깨끗하게 정화해 준다. 주변에 긍정적인 사람들 곁에 가보라. 그들은 항상 웃고, 열정적이고, 행복하고 많은 사람에게 즐거움을 준다. 당연히 많은 사람에게 좋은 에너지를 준다. 인간의 본성은 밝음이다. 우리는 근원에서 태어난 존재이기에 긍정적으로 기분이 좋을 때 어떤 힘을 쓰지 않아도 삶이 술술 조화롭고 만족스럽게 흘러간다.

말로 표현하는 확언도 중요하지만, 글로 쓸 때 긍정 확언은 잠재의식에 더 잘 입력된다. 글을 쓰면 눈으로 보면서 읽으면서 하므로 이중으로 받아들이는 효과가 있다. 자신을 긍정하는 확언 하나를 골라 일인칭, 이인칭, 삼인칭으로 바꿔보자.

만약 나에게 이로운 확언은 내 주변 사람들에게도 이롭다. 만약 '나는 성공한 작가이자 사업가이다'라고 쓸 때는 '너는 성공한 작가이자 사업가이다' 혹은 '그는 성공한 작가이자 사업가이다' 이렇게 써서 느낌이 좋으면 '나는 성공한 작가이자 사업가이다' 이 문장을 하루에 15번 정도 종이에 자기 전에 쓰고 잔다.

자기 전에 이렇게 잠재의식에 명령을 주면, 작가로서 성공하고 사업으로 성공하게 만들어 준다. 물론 주변에도 좋은 영향력을 끼치는 좋은 사람들도 덩달아 끌어당긴다. 이렇게 써 보면 성공한 작가이자 사업가들이 주변에 많이 몰린다. 만약 쓰는데 거부감이 들거나 내 것이 아니라고 생각 들면, 다른 것으로 바꾸라. 잠재의식은 마음속으로 진실이라고 느끼는 것만 작동시킨다. 진짜 성공한 작가와 사업가로 살고 싶은 사람들만 그 문장을 쓰는 것이 좋다.

진실로 원하는 것을 확언으로 만드는 것이 잘 이루어진다. 원하는 것을 발견한 이후에 달성하고야 말겠다는 강력한 마음의 움직임이 일어나지 않으면 멈추라. 마음이 들 때까지 찾아보라. 정말로 바라는 것들은 의식이 환하게 밝아지면서 어떤 행동도 하겠다는 마음이 생긴다. 기필코 목적을 이루겠다는 확신이 드는 문장으로 만드는 게 잠재의식이 잘 받아들인다. 시간이 걸릴 수도 있다. 그러나 종이에 긍정으로 자신 있게 쓴 확언은 반드시 이루어진다.

확언은 우리의 뇌의 RAS에 들어가 뇌의 신경 회로망을 바꾼다. 목표를 현실로 바꾸려면 생각 패턴과 자아의 이미지와 뉴런의 새로운 회로가 생겨야 한다. 확언은 이 뉴런이 새로운 환경의 뇌의 배선을 만들 것이다.

확언은 수천 년 전부터 철학자, 종교 지도자, 정치가, 예술가, 작가, 운동 선수들의 동기부여 수단으로 사용되었다. 1940년 독일이 유럽을 초토화하던 시기에 처칠은 "우리는 해변에서 그들을 맞이하여 싸울 것입니다."라고 연설한 것으로 영국인들의 국난을 극복했다. 1961년 존 F. 케네디는 "국가가 나를 위해 무엇을 할 수 있는지 묻지 말고, 내가 국가를 위해서 무엇을 할 수 있을지를 물어라."라고 대통령 취임 연설에서 국민의 의식을 바꿨다. 무하마드 알리는 "내가 최고다"라는 말로 복싱 챔피언이 되었다. 확언은 소감과 소원을 말로 확고히 하고 글로 굳히는 방법이다.

1분 명상
잠재의식에 가슴 떨리게 하는 확언을 만들어서 새기자.

58
구체적인 긍정 확언을 만들 목표를 찾아서

펜과 종이를 꺼내서 다음의 항목에 자신이 진정으로 바라는 것들을 써넣자.

1. 영혼의 기여, 봉사

_____

_____

2. 좋아하는 일과 직업

_____

_____

3. 행복해지는 인간관계

_____

_____

4. 자기 계발을 위한 목표

_____

_____

5. 재테크, 사업, 투자 일

_____

_____

6. 가지고 누리고 싶은 물질

_____

_____

7. 레저, 여행, 취미, 여유

_____

_____

인생은 대부분 이 7가지 영역에서 움직인다. 사람들의 일과는 7가지를 얻기 위해서 돌아가고 있다.

여러분은 이 구체적인 영역에서 어떤 목표를 가지고 움직이는

가. 단기, 중기, 장기 목표가 있는가. 없어도 된다고 생각하는가. 만약 아무런 목적 없이 지금, 이 순간을 이렇게 살다가 미래를 대비하지 않는다면 어떤 일이 벌어질 것인지 생각해 본 적이 있는가.

연구 결과에 따르면 구체적인 꿈이나 삶의 목표가 없이 사는 사람들이 질병에 취약하고 보험을 들지 않는다고 한다. RAS가 항상 레이다 망에 중요하다고 생각하는 것들을 끌어오는데 하루하루 똑같은 일을 반복하면 변화는 없이 시간만 보내는 삶을 살게 될 것이다.

미국의 보험왕 출신의 억만장자이자 성공 행동 연구가인 폴 J. 마이어(Paul J. Meyer)는 목표 설정과 관련하여 다음과 같은 연구 결과를 제시했다.

1. 미국인의 3%가 목표와 계획을 확언으로 써놓는다.
2. 미국인의 10%가 인생의 목표를 가지고 있다.
3. 미국인의 60%가 목표가 있지만 돈 문제를 생각한다.
4. 미국인의 27%는 목표나 미래에 대해 생각해 본 적이 거의 없다.

1, 2, 3, 4 순서대로 엄청난 성공, 적당히 부유, 서민, 국가 보

조 자선에 의지로 나타났다.

3%의 확언을 만든 사람들이 세계의 부를 다 가지고 있는 게 이상하지 않은가. 잠재 의식에게는 전혀 이상하지 않다. 목표를 정해서 확언을 매일 읽은 사람들은 크게 성공한다. 이것이 성공의 법칙이고 RAS가 하는 일이다. 미국과 한국 모두 80%의 사람들이 자신이 하는 일을 좋아하지 않는다고 갤럽 조사 결과에서 나왔다. 140개국 사람 중 67%는 자기 일에 집중을 안 한다. 시간만 보내는 것이다. 자신이 진정으로 좋아하는 것을 종이에 적어 찾아야 하는데 대부분 이 중요한 작업을 간과한다.

이제 여러분은 잠재의식의 비밀을 알았으니 행복하게 3%의 삶을 살고 싶으면, 종이에 간절히 진정으로 바라는 목표를 확언으로 적고 아침, 점심, 저녁으로 읽어라. 잘 보이는 곳에 목표를 적은 종이를 보관하고 온종일 그 목표를 생각하자.

1분 명상
가슴 뛰는 목표를 적어라

59
항상 풍요로움을 상상하라

우리는 잠재의식에 융(Carl Gustav Jung)이 말하는 집단 무의식이 있다. 이곳엔 부정적인 정보가 가득하다. 만약 지금 여러분이 스스로 다음과 같은 생각이 있다면 어떤 현실을 창조하겠는가. 이런 생각이 잠재의식에 새겨져 있다면 가슴 뛰는 상상이 잘되지 않을 것이다. 부정적인 무의식이 풍요로움을 누리는 걸 막는다.

- 세상은 모든 사람에게 돌아갈 만큼 충분한 자원이 없어.
- 돈을 많이 가지는 것은 나에게는 도덕적이지 않아.
- 인생은 고난의 바다처럼 험난하고 힘들고, 살기가 어려워.
- 무엇이든 얻으려면 열심히 일만 해서 희생해야 해.

-가난이 더욱더 고결하고 윤리적이고 편안한 거야.

　평소 자신이 가슴속에 설렘을 가득 담고 소풍 때처럼 즐거운 상상을 즐기고 있는가. 아니면 매일 밖으로 내뱉는 소리가 "힘들어, 힘들어 죽겠어. 왜 이리 잘 안 풀리지." 등등의 부정적인 말이라면 이제는 바꿔야 한다.

　현실이 풍족하고 모든 이들을 위한 풍부한 자원이 마련되어 있다는 것을 이해하게 되면 부정적인 상상은 하지 않을 것이다. 인간의 본성은 사랑이다. 만약 자신이 원하는 것을 얻기 위해 다른 사람들을 착취하고 현재를 희생한다면 자신이 원하는 것을 가질 자격이 없다는 걸 잠재의식에 입력하게 된다. 그러면 풍요로운 생활을 누릴 수가 없다.

　만약 자신이 간절히 원하는 것이 인류의 행복이라는 보편적인 진리라면 무엇이든 가슴 뛰는 상상을 하면 이루어진다. 자신이 행복한 일은 인류를 위한 일이기도 하다. 자신이 좋아하는 것은 다른 사람들에게도 유익한 것이다. 자신이 좋아하는 일을 하며 만족하며 원하는 모습대로 살아가는 가신의 모습을 매일 상상해야 한다.
　편안한 자세에서 긴장을 풀고 탁 트인 초원이나 바닷가의 하얀

백사장 위에서 책을 읽는 모습을 상상해 보라. 여유롭다. 황금빛 곡식이나 호수나 바다에서 유영하는 오리들과 새들, 산과 숲의 풍성한 자연의 아름다운 경치들, 이것이 풍요의 증거물이다. 이런 대자연에서 자신이 좋아하는 일을 하고 가슴 떨리는 상상을 하는 모습을 떠올린다. 인정과 존경을 받고, 경제적인 풍요로운 보상을 받으며 삶을 만끽하는 자신을 상상해 보자.

세상 사람들과 조화롭고 풍요롭게 사는 모습을 그리자. 세상이 그런 곳으로 바뀐다. 충만감을 높여주는 잠재의식의 긍정적인 말을 상상의 끝에 마무리한다.

- 나는 소박함 속에서 넉넉한 만족하는 마음을 낼 줄 안다.
- 나는 이 우주가 풍요로운 곳임을 알기에 많이 베푼다.
- 나는 지금 누리고 있는 이 풍요로움에 충분히 감사한다.
- 나는 신이 나에게 필요한 모든 것을 채워줄 것을 안다.
- 나는 풍요롭고 행복하게 살 권리가 있다.
- 나는 삶이 나에게 가져다줄 기쁨과 풍요로움을 기꺼이 받아들인다.

1분 명상

하루 1분이라도 가슴 뛰는 삶을 상상하라.

60
잠재의식에 풍요로움을 심기 위해서는 용서하고 버리라

 의식에 좋은 이미지와 좋은 생각씨를 뿌리라고 지금까지 이야기했다. 그런데 어떤 분들은 이렇게 말할 수도 있다. "무리해 봐도 잘 안 될 때가 많은데 어떻게 해야 할까요?" 이런 질문을 받으면 필자는 자연의 진공 상태를 이야기해준다. 즉 자연은 진공으로 있는 상태를 좋아하지 않는다. 반드시 뭔가가 없어지면 새로운 것으로 채워준다.

 정신의 자연도 만약 부정적인 감정으로 가득하다면 새로운 생각을 받아들일 공간을 마련하지 못해서 계속해서 답답한 상태로 생활하게 될 것이다. 물이 계속 고여 있으면 썩는다. 항상 흘러야 한다. 만약 여러분이 더욱더 풍요로워지고 싶다면 잠재의식에 지금까지 살아오면서 잘못한 사람들을 마음속으로 진정으로 용서해야 한다. 직접 찾아가서 용서하고 받는 것이 가장 좋지만, 고인이 되었을 수도 있다. (이미 고인이 되신 분은 이름을 부르고 '지난 잘못을 용서해 주세요. 용서해 주셔서감사합니다.'라고 해야 하는 것이 좋다.) 그런 사람들을 마음속에서 다 놔줘야지 새로운 사람들과 새로운 좋은 일들이 들어올 공간을 마련할 수 있다.

부정적인 감정의 저주파의 진동이 여러분이 지금, 이 순간 주어진 온전한 부를 누리지 못하게 하고 있다. 당신에게 손해를 끼치고 당신을 이용하고 기만한 사람들에 대해 원한과 복수심과 질투심을 품는다면 부가 들어올 통로를 잠재의식은 차단한다. 이 마음 상태로는 원하는 것들을 이루는 잠재의식의 힘을 못 사용한다. 그들을 용서하고 오히려 더 잘 되기를 바라는 사랑을 보내면 그 모든 진동이 자신에게 와서 곧 좋은 것들로 채우게 될 것이다.

용서야말로 부정적인 생각을 지우는 가장 중요한 잠재의식의 도구다. 간디는 "약자들은 결코, 용서하지 않는다. 용서는 강자의 특권이다."라고 말했다. 여러분이 강하고 건강하고 행복하게 부자로 살고 싶다면 잠재의식에 용서를 구하라. 잠재의식의 대가인 루이스 헤이도 "용서는 고통스러운 행위나 다른 사람들의 행동을 당신의 삶에 계속 끌어들이는 것을 허용하지 않겠다"라는 의미라고 말했다. 삶이 제대로 흘러가지 않을 때는, 특히 아플 때는 누구를 용서하지 못하는지 살펴보고 과거의 신념을 버리라고 상담할 때 특히 더 강조했다. 용서하지 못하면 죄책감이 생기고, 그 감정은 사람들을 아프게 만든다.

　용서를 잘 모르겠다면 이렇게 잠재의식에 확언하자.
　"나는 치유될 수 있다. 나는 기꺼이 용서한다. 모든 일이 잘 풀릴 것이다. 나의 세상에서 나는 안전하다. 낡고 오래된 부정적인 생각의 방식이 더 이상 나에게 한계를 지우지 않는다. 나는 그 부정적인 생각들을 편히 보내준다. 나는 용서하고, 사랑하고, 온화하며, 친절하다. 삶이 나를 사랑한다는 것을 안다. 내 어린 시절의 상처를 놓아주는 것은 안전하다. 나는 그 상처가 사랑으로 바뀌게 한다. 내 인생의 모든 사람은 나에게 교훈을 줄 장점이 있다. 나는 과거에 나에게 잘못을 한 모든 사람을 용서한다. 나는 그들을 사랑으로 자유롭게 놓아준다. 나는 안전하다.

> **1분 명상**
> 건강하고 행복한 삶을 살고자 한다면 잠재의식에 용서의 씨앗을 뿌리자.

61
잠재의식은 강력하게 확신하는 말을 그대로 받아들인다

 말에는 세상에서 가장 큰 창조의 힘이 있다. 행복해지고 싶다면 행복의 말을 사용해야 한다. 의식에 행복이란 단어를 소리를 내든지, 대화할 때 의도적으로 사용해야 한다. 그러나 대부분 사람의 무의식에는 오래전부터 잠재의식에 부정적인 말이 많이 심겨 있다. 그런 사람들과 대화할 때는 자리를 피해야 한다. 친구나 가족, 동료들에게 하루에도 얼마나 많은 부정적인 말을 쏟아내는가. 아예 침묵하는 것이 좋다.

 행복한 말을 내면에서 확언으로 연습이 되면 다른 사람들과 대화할 때도 이제는 의식이 맞지 않는다는 것을 느낀다. 그러면 그때부터 의식이 좀 더 높아진 사람들과 저절로 만나게 될 것이다. 많은 사람이 성공을 꿈꾼다. 성공한 사람들은 오직 의식 속에 '나는 성공한다'라는 생각이 뇌 척수계의 오관을 통해 완전히 각인시킨다. 절대 다른 사람의 생각이 침범하지 못하게 육체와 마음이 전부 성공에 집중되어 있다.

성공한다는 의식하는 마음이 말을 포용하여 사실로 받아들이면, 뇌 척수계의 신경이 움직인다. 모든 생각이 이제 뇌로부터 잠재의식의 두뇌라고 불리는 태양신경총으로 전달되고 성공이 살이 되어 현실로서 물질세계에 성공으로 탄생한다. 반대로 말로 반복해서 '성공 못 한다, 안 된다'라는 생각이 강하면, 태양신경총은 안 되는 세계를 만들어 낸다. 그러니 오직 긍정적인 말만 사용하라.

1980년도 미스 아메리카로 뽑힌 세릴은 11살 때 자동차 사고가 났다. 왼쪽 다리를 100바늘 이상 꿰매는 대수술을 받았다. 의사는 그녀가 걷기 힘들 것 같다고 말했다. 세릴은 그 말을 듣고 포기할 수 없었다. 5살 때 우유 배달부가 그녀에게 미스 아메리카가 될 것이라고 말을 했기 때문이다. 잠재의식의 태양신경총은 그 말을 사실로 받아들였다. 걸을 수 없는 상황은 잠재의식에 한 번 확신하며 새긴 것을 이루기 위해 장해가 되지 않는다.

잠재의식은 말에 반응한다. 말은 세상에서 가장 강력하다. 그녀는 오직 될 수 있다고 믿었다. 사랑, 희망, 용기, 인내, 끈기 등 오직 적극적인 말이 인간을 정상으로 끌어올린다. 우유 배달부 아저씨의 말은 그녀의 잠재의식을 움직였고, 역경에 굴복하지 않는 어쩔 수 없는 힘을 내게 했다. 불굴의 의지로 용기 있게 도전하여 그렇게도 그리던 미스 아메리카로 선발되었다. 얼마나 많은 사람이 다른 사람의 암시로 자신의 꿈을 쉽게 포기해 버리는가. 그 말이 사실이 아님에도 불구하고 얼마나 많이 그냥 믿었던가.

"어떠한 일이 있어도 삶에서 절대적인 두 가지 요소, 즉 희망과 신념을 놓치지 말라"라고 사무엘 존슨이 말했다. 자신의 인생은 세상에서 가장 소중하다. 말 한마디로 잠재의식이 운명을 바꾸게 만드니 부정적인 말을 들으면 무시하고 오직 꿈에 관한 긍정적인 말을 적극적으로 잠재의식에 심자.

1분 명상
오직 긍정적인 말만 하고, 들어라.

62
오직 스스로 믿고 간절히 허공에 기도하는 주문을 걸어보자

유재석이 오랜 무명 시절이 있었단 것을 지금의 성공하고 환한 모습을 보면 모를 수도 있다. 하지만, 그는 20대 때에 우울한 표정과 무엇을 해도 안 풀리는 막막함으로 미래를 불안했다. 말도 부정적으로 사용하니 얼굴도 표정도 어두웠다. 그렇게 10년을 보내던 어느 날 갑자기 깨달음이 왔다. "더 이상 이렇게 살아서는 안 되겠다"라는 강한 잠재의식의 깨어남의 경험을 했다. 내가 하는 말과 내 꿈을 믿어보자고. 그리고 이렇게 기도했다.

허공에다 대고 그 들어주는 대상이 하나님인지, 부처님인지는 모르겠지만 간절히 구했다. 그 외침은 너무나도 간절했다.

"하느님, 하나님, 세상에 계신 전지전능한 잠재의식의 무한 지성이시어! 만약 제가 제힘으로 이렇게 혼자 세상에 태어나서 제 재능을 한번 펼쳐서 성공을 할 수 있는 기회를 단 한 번만 주신다면, 저는 무엇이든 다 하겠습니다. 저는 제가 이 세상에 저의 힘으로만 되는 것이 아니라 다른 사람의 도움으로 살아있을 수 있다는 감사함으로 모든 사람을 겸손하게 대하겠습니다. 만약 제가 그런 삶의 자세와 태도와 말로 살지 않는다면 저를 완전히 벌하셔도 좋습니다."

어느 인터뷰에서 보다가 이분의 성공 요인이 '이것이구나' 인식했다. 간절할 때 잠재의식에 이 말 한마디를 입력한 것이 그렇게 살게 하고 성공을 이루었구나! 눈물의 기도였구나! 사람들은 간절하고 너무나 절망스럽고 바닥까지 가서 텅 빈 곳으로 내려가면 그때 간절한 기도를 모두 한다. 그 기도가 어느 종교이든지 상관이 없다. 태양이 뜰 때 사람들이 두 손을 모아 뭔가를 경건하게 기도하는 모습을 보라. 인간은 내면에 무한 지성이 다 알고 있다. 그리고 그 존재가 기도하게 하고 다 들어준다고 이야기하고 있는데 요청하지 않는다. 간절하게 진짜 원하는 소망을 요청해 보라.

그 간절한 기도 후 유재석에게 '메뚜기'라는 별명을 준 김석윤 피디가 크게 성공시켜준 계기가 되었다. 10년 동안 자신이 언젠가는 크게 성공하리란 말과 생각을 절대 마음속에서 놓지 않았다. 평생의 은인이라고 할 정도로 감사를 잊지 않고 있다. 모든 사람에게 겸손하고 감사하게 낮은 자세로 그렇게 대하고 항상 웃으니 그의 성공은 당연하다고 볼 수 있다. 진정으로 한순간에 잠재의식의 각성이 되면 귀인이나 천재일우의 기회가 나타난다. 그것을 준비한 사람만이 알 수 있다.

건강한 사람들은 건강한 상태에 대해서만 말한다. 그러나 자주 아픈 사람들은 병에 대해서 논하기를 좋아한다. 무의식을 보면 자신이 어떤 대화를 나누는지에 따라서 말이 현실을 창조한다. 이 우주가 다 텅 빈 진공묘유(眞空妙有)[10]이기 때문에 뭐든 다 가능하다. 불변하는 실체가 없으므로 여러 인연의 일시적인 화합으로 존재만 할 뿐이다. 그러니 뭐든 허공에다 대고 기도하거나 간절히 염원해 보라. 말이 정말로 씨가 되어, 먼 허공으로 전달 되어 관련된 모든 사람을 연결한다.

1분 명상

간절히 원하는 것이 있다면 허공에 대고 간절히 기도해 보라.

---

10 진공묘유(眞空妙有) ① 불변하는 실체가 없으므로 성립하는 현상. 불변하는 실체 없이 여러 인연의 일시적인 화합으로 존재하는 현상. 공(空)을 근원으로 하여 존재하는 현상. ② 모든 분별이 끊어진 부처의 성품을 나타내는 말. (출처: 시공 불교사전)

63
신이 없다고 생각하는 것보다 있다고 믿는 편이 훨씬 더 유리하다

많은 사람들이 성공한 큰 부자들의 철학을 공부한다. 그들의 의식과 행동, 생각을 연구하여 성공한 멋진 꿈을 꾼다. 일본의 최고 부자 사이토 히토리 씨는 그런 사람들에게 항상 신을 굉장하다고 인정하는 것이 부자가 되는 데 좋다고 이야기한다. 사이토 히토리를 만든 것도 신이니 신을 굉장히 좋아한다고 제자들에게 말했다. 우리가 알 수 없는 우주의 영역에서 잠재의식을 논하다 보면, 반드시 전지전능한 신적 존재, 무한 지성이 빠짐없이 등장한다. 기이한 기적이 일어나기도 하니까 말이다.

신이 굉장하다고 생각하는 것은 자신 내면의 모든 것을 할 수 있는 나보다 훨씬 더 큰 자아를 인정하는 것이다. 사이토 히토리는 자신을 신의 최고의 걸작이라고 생각해 왔다. 자기 자신을 걸작이라고 표현하는 사람들의 자작 이미지는 늙어도 나이가 거꾸로 먹을 정도로 젊게 살고 건강하게 존경받는다. 남들이 대단하다고 여기지 않아도 자기가 자신을 그렇게 대단한 사람이라고 칭찬하는 사람의 일상엔 부정적인 말이나 파동이 전혀 없다. 언제나 히토리 씨는 주파수를 떨어뜨리지 않는 것이 정말 중요하다고 말한다.

끌어당김의 법칙에서 에스터 제리 힉스와 론다 번, 아브라함, 웨인 다이어 등도 주파수를 강조한다. 풍요와 부와 성공은 기분 좋은 주파수대에 있으므로 기분이 좋아지는 생각과 상상이 정말 중요하다. 지금 바라는 것을 얻지 못한 사람들은 온종일 기분 좋은 주파수대에 있지 않을 수 있다. 그러나 이제는 잠재의식을 어떻게 부리는 방법을 터득했으니 쓰는 말과, 하는 생각, 온종일 느끼는 기분 좋은 감정에 주의를 기울이자. 뭔가 불안할 때는 항상 신이 나를 보호하고 안전하다고 생각하자.

<u>스스로 자신이 훌륭하고 가치 있고 멋진 존재라고 생각해야</u> 그것의 주파수가 말과 생각과 행동으로 동조(同調)되어 그런 현실을 끌어온다. 그것이 잠재의식의 법칙이다. 신이라는 말을 안 믿는 사람은 우주의 힘이라고 생각해도 좋다. 우리는 모두 한 사람, 한 사

람이 우주의 걸작품이다. 이 세상 어디에도 나와 같은 사람은 단 한 명도 없는 것을 보면 알 수 있다. 이런 소중한 나를 스스로 말로 학대하고 비난하고 비판하고, 몸이 안 좋은데도 무리해서 자신을 몰아세우면 현실이 어떻게 될까?

진짜 자신은 신의 창조물이다. 그러니 이제부터는 신의 완벽함을 믿고 자신이 바라는 것만 잠재의식에 입력하자. 온종일 느끼는 감정에 주의하고 만약 기분이 안 좋으면 바로 좋아지게 만드는 행동을 취해야 한다. 주파수가 굉장히 중요하다. 여러분이 바라는 성공의 주파수는 아주 진동이 높고 빠르고 크다. 그러니 스스로 그런 그릇을 만들기 위해 지금 모든 것을 배우는 과정이라고 생각하고 무슨 일이 있든지, 신이든, 무한 지성이든, 잠재의식이든, 부처님이든 한 번 자신 내면의 큰 존재에게 물어보자.

1분 명상

나보다 더 큰 존재를 믿어보자

64
모든 것을 가능하게 하는 힘이 잠재의식이니 최고를 입력하라

우리는 뭔가 지금과는 다른 것을 꿈꾼다. 사람들은 성장하고 진화하는 존재다. 모든 자연과 공간에는 창조가 일어나고 있다. 무한한 지성이 지금 작동하고 있어 그 힘이 생명의 근원인 마음속에서 약동하고 있다. 언제라도 꿈을 꾸면 이루어질 준비기 된 무한 지성에게 최고를 요구하라.

이전에 한 번도 성취한 적이 없는 것을 얻으려면 이전에 한 번도 되어본 적이 없는 사람이 되어야 한다. 크게 성공한 사람들의 한 가지 공통된 자질은 '특출난 사람이 되기'로 결심했다는 점이다.

브라이언 트레이시도 보통의 노력이 아니라 최고가 되기로 노력했다. "보상에 대한 아무런 기대 없이 더 많은 것을 베풀면 반드시 어떤 식으로든 더 큰 보상이 돌아온다"라고 했다. 먼저 누가 인사하지 않아도 인사하고, 친절을 베풀고, 웃음과 미소를 이웃에게 보내면 자신이 먼저 기분이 좋아진다.

기분이 좋다는 것은 근원 에너지에 접속되어 있단 뜻이다. 우리 시대의 가장 위대한 발견은 그 근원 에너지가 긍정적인 태도라는 점이다. 하버드 대학교 긍정 심리학자인 윌리엄 제임스는 "마음가짐을 바꾸면 인생을 바꿀 수 있다."라고 했다.

유재석과 마찬가지로 오프라 윈프리도 최고의 인생을 기도했다. 먼저 자신이 뭐든지 다 할 수 있단 자신감을 기르기 위해선 "할 수 있다고 믿으면, 할 수 있다"라는 잠재의식의 원리를 기억해야 한다. '할 수 있다'라고 생각하면 할 수 있다. '할 수 없다고 생각하면, 할 수 없다'라고 포드가 말했다. 이것이 진리다. 여러분은 하루 중 얼마나 할 수 있다는 생각을 많이 하는가.

허리를 구부려 듣는 것으로 역사상 가장 큰 영향을 끼친 오프라 윈프리는 남의 말을 듣는 자세가 남달랐다. 경청하는 자세는 타인에게서 배우고자 하는 태도다. 소설과 위인들의 전기 등을 닥치는 대로 읽은 그녀는 책을 통해 다른 사람들이 어떻게 느끼고 배우고 생각하는지를 배웠다. 그 과정에서 자기 자신에 대해서도 믿음이 생겼다. 즉, 지금은 모르지만, 허리를 굽혀서 타인의 말을 관찰하면서 듣는다. 이런 자세는 그녀를 세계 최고의 여성 지도자로 만들었다.

불교에서도 만약 깨달으려면 관찰하면서 들어야 한다는 가르침이 있다. 오프라 윈프리는 남의 말을 존중할 줄 아는 사람이다. 이런 재능은 5억 달러 이상의 가치 이상으로 인정받고 있다. 그러나 그녀는 돈을 벌기 위한 목적으로 일하지 않는다고 했다. 신이 나에게 주신 가장 진실하고 가장 높은 최고의 자신을 표현하기 위해 사명을 다한 것뿐이라고 겸손한 마음씨가 있기에 언제나 최고로 존경받는다. 미국에서만 매주 3,300만 명의 사람들이 그녀의 쇼를 본다. 유튜브로도 좋은 콘텐츠를 지속으로 만들어서 많은 사람과 소통한다.

성공은 특별한 것이 아니다. 최고가 되겠다고 결심한 사람들에게만 성공이 간다. 그러니 지금 잠재의식에 최고의 사람이 되어 자신의 사명을 다하겠다고 결단하라.

1분 명상
자신이 최고가 되기 위한 사명에는 무엇이 있을까?

65
꿈의 목록을 작성해서 잠재의식에 모두 맡긴다

정상에 올라가기 위해서는 이정표도 필요하고 가는 목적지가 어떤 곳인지를 정하고 올라가야 한다. 많은 사람이 자신이 하는 분야에서 최고가 되지 못하는 이유가 있다. 대부분의 사람들은 그 분야를 올라가는 데 몇 년이 걸릴지도 모르니 그냥 지금처럼만 살면 된다고 생각하고 있다. 이 분야에서 방대한 연구를 하는 사람들의 이야기에 따르면 대략 5년에서 7년 정도가 되면 목적지에 도착한다고 한다.

시간이 너무 길다고 생각할 수도 있으니 만약 그 시간을 평소처럼 꿈을 위해 아무런 조처를 하지 않아도 그냥 가는 시간이다.

시간은 기다려주지 않는다. 무심히 가버린다. 우리가 지금부터 해야 할 질문은 5~7년 후에 어디에 가 있을지 목적지를 정하는 것이다. 목적지를 정하면 잠재의식이 계획을 짜게 하고 매일 어떤 행동을 해야지 도착할지 알려줄 것이다. 존경도 받고, 정상에 선 사람으로 성과를 맞이하기 위해서 꿈의 목록을 적어보자.

진정으로 자신이 원하는 게 뭔지 먼저 질문을 한 다음, 아무 한계도 없을 때 언젠가 되고 싶고, 보고 싶고 하고 싶은 모든 것을 기록하는 것이다.

《영혼을 위한 닭고기 수프》의 공동 저자인 마크 빅터 한센은 종이를 놓고 앉아서 평생 성취하고 싶은 목표 최소한 100개의 목록을 적어보라고 조언한다. 이 기법은 많은 성공자가 쓰는 것이다. 경제 경영 성공자인 짐 론도 《드림리스트》라는 책에서 100개의 꿈의 목록을 적고, 그 목표를 단기, 중기, 장기 년도 별로 정리해서 기록해 놓으라고 한다. 꿈을 종이에 적는 것은 잠재의식에 주문서를 넣는 것과 같다. 정확히 도착하는 것도 있고, 시간이 걸리는 것도 있지만, 대부분 이루어진다.

자유롭게 꿈을 꾸고 환상을 가지고 즐겁게 적다 보면 목표와 관련된 일을 하거나 30일 후에 엄청난 일이 벌어지기 시작한다.

모든 상황이 목록에 적은 꿈대로 움직이기 시작하는 걸 볼 것이다. 지금은 상상도 못 할 빠른 속도로 목표가 성취되기 시작한다. 사람들은 이 간단한 잠재의식 우주 주방 주문서를 읽더라도 종이에 안 적는다. 의심이 많기 때문이다. 만약 이것이 문제라면 종이에 적어 놓고, 서랍에 오랫동안 두고 보지 않아도 이루어질 것이다. 결과에 매우 놀랄 것이다.

지금 종이 한 장을 꺼내서 꿈의 목록을 적어보자. 부록 페이지를 참고해서 100가지의 목록을 채워보라.

꿈꾸기를 두려워하지 말라. 항상 하고 싶었지만 시도하기 두려워서 못 하고 있었던 것은 무엇인가. 적어 두기만 한다. 그냥 적어만 보자. 삶의 각 영역에서 자신이 보수를 받지 않더라도 밤을 새워서 하고 싶은 일은 무엇인가?

1분 명상
꿈의 리스트를 오늘이 가기 전에 100개 작성하라.

66
꿈을 완벽하게 완성된 것으로 실물처럼 그리자

잠재의식은 새로운 생각을 하지 못한다. 우리가 의식으로 보내는 것이 좋은지 나쁜지 선택하는 능력도 없다. 추론하는 능력도 없다. 오직 연역적 사고만 한다. 주관적 마음이라고 불리는 이 잠재의식은 우리가 씨앗을 뿌리면 그대로 토양이 그 씨앗을 받아들여 양배추의 정보면 양배추를, 오이면 오이, 토마토면 토마토, 옥수수면 옥수수를 정확히 얻게 한다.

이렇게 식물을 창조할 때의 법칙은 씨앗의 정체성을 그대로 유지한다. 씨앗을 변형시켜 다른 식물을 수확할 수 없다. 그래서 될 수 있으면 자신이 바라는 것을 적고, 꿈을 크게 꾼다. 아무리 불가능해 보여도, 잠재의식은 추론이 되지 않기 때문에 그것을 심은 사람들에게는 그대로 수확하게 한다.

그러니 굳이 내가 능력이 이것밖에 안 되는데 작은 것을 꿈꿀 필요가 없다. 씨앗의 정보는 같게 적용된다. 미국 요세미티 국립공원 마리포사 숲에 있는 키가 100m 넘는 자이언트 세쿼이어 나무도 시작은 씨앗이었다. 아주 작은 씨앗, 겨자씨와 같은 씨앗이 어떻게 그렇게 크게 자랐을까?

오직 시간과 경험이다. 씨앗이 본래 가진 본연의 모습이 식물의 관념에 포함되어 시간이 지나면 거대한 나무가 될 것인지, 토마토가 될 것인지를 그대로 자연 경험 정보에 의해서 나타나게 되어 있다. 꿈도 마찬가지다. 아주 작은 씨앗에서 출발한 꿈의 정보는 크기가 커도 상관없다. 잠재의식은 그것이 작은 꿈과 똑같다고 여긴다. 그대로 받아들여서 그대로 원인과 결과의 법칙으로 현실에 보이게 만든다.

우리가 큰 꿈이라는 식물을 얻기를 원한다면 그저 먼저 씨앗을 창조의 힘이 있는 토양 안에 넣어야 한다. 잠재의식이란 토양 안에다 생각의 씨앗인 꿈의 목록을 심는다. 실제로 고대에는 동굴 벽화나, 미래의 중요한 비밀이 될 문서를 땅속 깊이 심었다. 이런 잠재의식과 마음의 법칙을 인간의 무한 지성은 시공을 떠나 알고 있었다.

창조의 토양 안에다 자신이 원하는 꿈을 완벽하게 완성된 것으로 생생하게 보이게 그려 놔야 한다. 씨앗 안에 모든 정보를 주관적 의식이 마음을 다해서 그려 넣지 않으면 결코 이 세상에 모습을 드러내지 못한다. 식물이 완벽히 물질세계에 나타나기 위해선 완성된 관념이 씨앗과 토양의 어디에선가 반드시 존재해야 한다. 그것이 종이와 펜이다. 우리 생각 속에 돌아다니는 수많은 관념 속에 자신의 꿈에 관한 관념이 단단한 토양 속에 박히게 하려면 종이와 펜이라는 어떤 단단한 물질에다 심어놔야 한다. 그래서 이 책의 초반부에 학습 카드처럼 조금 두꺼운 종이를 사용하여 꿈을 적으라고 한 것이다.

근원의 마음을 하나로 합하여 오직 꿈을 위한 씨앗을 잠재의식에다 심고 적절한 토양에다 거름을 주고, 시간과 경험이 합하여 그것이 나오기를 기다리면 창조는 일어난다.

1분 명상
완전히 이루어진 완벽한 꿈을 씨앗 정보에 입력하라

67
시각화를 매일 연습하면 끌어당김의 힘이 강해진다

　시각화는 씨앗을 자라게 하는 아주 유용한 도구다. 구체적인 꿈이 정해졌다면, 이미 이룬 모습을 떠올린다. 그 모습이 지금 일어나는 것처럼 생생히 사진처럼 이미지로 수시로 떠올린다. 시각화할 목표들을 100가지 적었으면 그중에서 이번 연도에 가장 이루고 싶은 한 가지 목표를 잘 보이는 곳에 적어 다닌다.

　시각화는 뇌 신경회로를 자극하고 강화한다. 잠재의식은 그것이 상상인지 실제인지 추론을 못 한다. 지금의 자신 모습은 과거에 상상한 마음의 작용 결과다. 여기에는 어떠한 추론도 들어갈 수 없다. 오직 상상의 결과로 나타난 결과이니 마음에 안 드는 현실은 바꾸면 된다. 원하는 것만 떠올리고 원하지 않는 것은 버린다.

나폴레온 힐은 "마음속으로 상상하고 믿는 그 모든 것을 몸이 그것을 받아 현실로 이룬다."라고 했다. 미국의 경영 코치인 《변화의 시작 5 AM 클럽》의 저자 로빈 샤르마도 "창조는 두 번 일어나는데 첫 번째는 마음에서 일어나고, 그다음에 현실로 나타난다."라고 했다.

영화 〈마스크〉로 잘 알려진 짐 캐리는 시각화로 어마한 부를 이뤘다. 오프라 윈프리 쇼에 나와서 자신이 시각화에 썼던 수표를 공개했다. 상상이 마음으로 먼저 창조되었고, 그다음 현실에 나타났다. 창조 공식을 제대로 잠재의식에 요청하니 이루어진 것이다. 그는 몹시 가난하게 자랐다. 어머니를 위해 잡부로도 일해 봤지만, 큰 소득이 없었다. 그런데 어느 날 갑자기 잠재의식이 빛나는 미래가 있을 것이라고 느낌으로 상상해줬다. 할리우드에서 배우 일을 시작할 때 무일푼이었고 빈털터리였지만, 그는 주관적 마음의 토양에다 1천만 달러짜리 수표(약 100억), 지금의 돈의 가치로 따지면 거의 1,000억이 되겠다. 그리고 여기서 중요한 것은 날짜인데 시간의 경험치가 언제인지를 대략 정해주면 좋다. 5년 후로 정했다. 수표의 메모 칸에는 "그대의 노력에 대한 사례금"이라고 당당하게 자신의 주관적 의식에게 명령했다. 달라고. 이는 극적이고 강력한 시각화이지 빛나는 미래의 목표에 대한 믿음의 표상이다. 잭 캔필드도 자신의 인세를 10억으로 정하고, 그 밑에다 스마일 그림을 그렸다. 《영혼을 위한 닭고기 수프》의 인세가 100만 달러였고, 정확히 출판사 대표가 수표에 스마일 사인했다. 자신도 처음 그려보는 사인이라면서.

짐 캐리는 매일 지갑에 넣어 다니면서 그 돈을 갖는 상상을 했다. 잠재의식은 추론을 못 한다. 그대로 상상한 결과를 씨앗 정보에서 관념으로 받아들여 5년 후에 결실로 보게 했다. 영화 1편당 2천만 달러 이상의 고액 출연료를 받은 초대형 스타가 된 것이다. 당연한 결과다. 원인과 결과의 법칙에 따라 그대로 현실에서 나타난다. 마음속에 365일을 5년 동안 상상하면 2,000일 이상을 매시간 잠재의식이 작동하고 있었다. 남들은 아무런 씨앗을 심지 않고 과거의 무의식 프로그램으로 사는 동안 그는 해냈다. 당신은 지금 무엇을 그리고 있는가?

1분 명상

시각화를 자주 하면서 미래를 그려보자

68
시각화
연습 방법

잠재의식은 반복하고 꾸준히 지속하면 좋다. 최선의 결과를 위해서는 꾸준히 규칙적으로 정해진 시간에 연습하는 것이 필요하다. 일단은 큰 목표도 중요하지만 작은 성취를 이루어나가는 것을 성공시키면 자신감이 붙는다. 작은 성취를 단계별 목표로 세워 중간 단계의 과정 시각화를 꾸준히 한다. 과정 시각화는 큰 목표로 가는 징검다리다.

마라톤 전 구간 42.195km를 완주하는 것은 조깅과 다르다. 반드시 훈련과 꾸준한 연습이 필요하다. 물론 젊은 남자들은 체력을 믿고 훈련 안 한 후 도전했다가 큰 고생을 한다. 그렇게 해서는 완주하는 게 고통이라고. 마라톤 전 구간은 어렵지만, 힘들지 않다. 꾸준히 훈련하고 연습하면 몸과 마음의 근육이 생긴다. 그때는 가볍게 조깅하듯 즐기면서 달릴 수 있다. 잔근육을 먼저 키운 다음에 계속 목표를 높여서 훈련하면 쉽다. 무슨 일이든 반복하면 습관이 되어 쉬워진다.

다음의 시각화 훈련도 단계별로 해보자

1. 긴장을 풀고 방해받지 않는 장소에 앉아 조용히 눈을 감는다: 숨을 깊이 들이마시고 내쉬고를 3번 한다. 온몸의 긴장을 푼다.

2. 상상하는 대상을 그린다: 만약 마라톤 전 구간 완주가 목표라면, 결승선의 자신 모습을 그린다. 중간 단계에서 훈련할 때의 근육의 피로감이나 힘든 고통은 있지만, 뛰고 났을 때의 상쾌함을 그린다. 함께 달려주는 친구들과 페이스 메이커들도 "힘을 내. 파이팅"이라고 격려하는 소리도 들어본다. 가능한 한 생생하게 떠올린다. 달리면서 주변에 아름다운 자연 경관들, 응원하는 사람들의 함성, 가족들과 친구들이 다 달리고 나서 해줄 놀라운 말들을 생생하게 들어본다.

3. 나를 그림 안에 넣어서 행복한 표정을 짓는 것을 상상한다: 친구들과 하이 파이브 하는 모습, 친구가 잘했다고 안아주는 모습. 가족이 엄마 아빠 대단하다고 칭찬하는 모습, 메달을 목에 거는 모습, 완주 후 주는 기념품을 받으면서 자신이 대견하다고 마음속으로 무엇

이든지 할 수 있다고 다짐하는 모습, 등등을 그린다. 실제로 10km 지점을 통과할 때의 자신 모습, 20km 지점을 통과할 때의 모습, 30km의 마의 구간을 어떻게 극복할 것인지, 에너지 젤이나 바나나와 물을 먹는 모습, 40km 지나면서 이제 얼마 남지 않은 2km를 어떻게 달릴 것인지, 육체적으로 근육이 뭉쳐서 힘들지만, 정신은 아직도 활력이 넘치는 모습을 상상한다. 끝까지 해내고야 말겠다는 투지를 그린다.

4. 이미 이 상상은 다 완주한 것으로 끝맺음을 맺는다.

최선의 시각화는 오감을 다 동원하는 것이다. 시각, 후각, 청각, 촉각, 미각을 동원한다. 장면 하나하나를 최대한 자세히 상상하는 것이 좋다. 나는 어떤 옷을 입고 있는가? 누구와 함께 있는가? 기분은 어떤가? 어떤 소리가 들리나? 어떤 냄새가 나는가? 어떤 장소에 있는가? 주변 상황은 어떤가?

1분 명상
과정 시각화를 생생하게 상상한다.

69
시각화는 느낌이 가장 중요하다

그림을 그리는 것처럼 생생하게 자신의 꿈을 정신세계에서 볼 수 있기 위해선, 고요한 마음을 하루 중 15분이라도 내는 것이 중요하다. 이때는 바라는 것 외에는 보지 않아야 한다. 오직 반드시 바라는 것 외에는 집중하지 않는 시간이 필요하다. 힘을 얻으려고 하는 자들은 반드시 자연과 조화를 이루어야 한다. 외부 의식으로 그릇된 생각을 하면 그것들은 더 강하게 이루어진다. 그 힘은 엄청난 파괴의 힘에 연결되니 하루 중 고요한 마음을 내는 시간을 따로 내어 자신의 느낌을 점검하는 시간을 가지도록 한다.

미래는 오직 우리가 지금 하는 마음의 생각으로 통제된다. 우주의 마음은 잠재의식으로 무소부재(無所不在)의 개인의 마음 안에 장착되어 있다. 이 책에서 전지전능한 힘이라고 처음부터 끝까지 이야기하고 있다. 이 힘은 느낌에 가장 크게 반응한다. 만약 고요한 시간을 내어 자신이 바라는 것을 잠재의식에 잘 심지 않으면 미래는 무 자각적 창조가 일어난다. 뭔가를 생각하면 그 생각은 그에 부합한 어떤 조건을 만들어 낸다. 생각이 원인이고, 외부 조건은 결과이니 원하는 조건을 만들기 위해선 생각을 지켜보는 일이 절대적으로 필요하다. 하루 중 가장 고요한 시간대를 골라서 15분 정도 아무런 움직임을 하지 않고 정지한 상태에서 생각한다.

마음속으로 가장 기분이 좋아지는 장소를 떠올린다. 완벽하게 그리자. 어린 시절에 행복했던 추억들이 다 있을 것이다. 그 장소를 될 수 있으면 떠올린다. 건물, 땅, 나무, 친구, 스승, 지인, 부모, 조부모, 동료, 고마운 분들, 기타 모든 것을 완벽히 그린다. 명쾌함과 정확함은 시각화에서 중요한 요소다. 처음에는 흐릿하다. 그러나 그것을 반복하면 잠재의식에서 명확하게 그려준다. 마음속에서 시각화 그림이 단단히 자리 잡혀야 외부 세계에 나타난다.

그래서 비전 보드나 스케치북, 하드커버의 드로잉 북, 《미라클 맵》에 자세히 시각화 도구를 써 놓았다. 그 책을 참고해서 시각화가 잘 안된다는 분은 읽어보자. 먼저 자신이 이상화시킨 삶을 살고 있을 때 무엇을 추구할 것인지를 정하라. 그런 다음 명확하고 아름답게 그린다. 원대하게 상상해도 좋다. 그런 다음, 생각을 행동으로 이루어지게 하는 느낌을 하나 골라서 자주 그 감정을 느낀다. 그런 다음, 행동이 방법을 만들어 마지막 물질화시킨다.

시각화의 3단계 idealization(이상화), visulization(가시화), materialization(구체화)을 꼭 기억하자. 대부분은 이 이상화 단계에서 잘 그려내지 못한다. 그러니 다음 단계인 시각화가 잘 그려지지 않는다. 평소에 어떻게 살고 싶은지 잘 생각해보자. 지금 그대로 행복하고 만족하면 아무런 문제 없으니 그렇게 살면 된다. 하지만 반드시 더 성장하고 미래에는 더 행복하고 풍족하고 건강하게 봉사하는 삶을 살고 싶다면 반드시 이상적인 자신의 5년 후 정도는 매일 그릴 수 있어야 한다.

자신이 지금 이상적인 삶이 5년 후에 펼쳐진다면? 어디에 누구와 무엇을 하고 있을까? 그때의 느낌은 어떤가?

1분 명상
시각화의 3단계로 매일 고요히 15분간 느끼는 훈련을 한다.

70
자신에게 태양신경총(Chakra)이 있음을 기억한다

우리는 무한한 우주의 모든 자원을 끌어당겨서 상상하는 모든 것을 창조할 수 있다. 우리는 무한한 힘과 하나다. 그것을 깨닫는 사람들은 생각 힘과 하나로 바라는 모든 것을 얻는다. 잠재의식은 오직 의식에 의심 없이 믿는다고 생각되는 모든 것을 현실에 그대로 나타나게 한다는 점을 알게 되었을 것이다.

무한한 힘을 의식적으로 실감하게 될 때 아무것도 두려워할 게 없다는 걸 알게 될 것이다. 이는 훈련이 필요하다. 두려움이 사라진 자리에 신체의 태양이라 불리는 태양신경총에서 에너지가 나와, 불가사의한 힘을 내기도 한다. 이 에너지는 매우 실제적인 에너지이며, 잠재의식의 토양을 키우는 에너지다. 우리 몸의 신경계 곳곳을 이동한다. 그것은 몸의 곳곳을 돌아다니고 대기를 통해 방출된다. 이때 에너지가 강하면 그 사람에게는 자력, 즉 끌어당기는 힘이 가득하게 된다. 그런 사람들과 만나면 마음이 위안받고 에너지가 전염된다.

무저항적인 생각, 즉 두려움이 없으면 태양신경총에서 확장 에너지가 나오고, 용기와 힘, 자신감을 만든다. 반면 두려움은 빛을 내뿜는 걸 방해하는 태양신경총의 적이다. 모든 생명, 지능과 연결된 전능한 태양신경총은 무엇을 지시받든지 해낼 수 있다. 이때 의식의 힘이 들어가면 잠재의식이 이를 받아들여 무엇이든 이행할 수 있다. 두려움이 없으면 용기와 자신감, 어떤 비판이나 무엇이든 무섭지 않다. 성공에 대한 기대로 마음이 부풀고, 벽을 허물고 의심을 없앤다.

토니 라빈스는 강연 때 미첼의 이야기를 많이 한다. W. 미첼은 태양신경총과 자신이 하나임을 몸으로 깨달은 사람이다. 27세 때 오토바이 사고로 몸의 65%가 화상을 입었다. 그런데 얼마 후 비행기가 추락해 사고로 생명은 살렸지만, 하반신이 마비되어 평생 휠체어에 살아야 한다는 의사의 선고를 받았다. 그는 잠재의식의 힘을 믿었다.

의지와 용기와 일어난 변화에 의연히 대처하기로 강하게 결심했다. 두려움의 빛이 태양신경총으로 들어오는 것을 허용하지 않았다. 그는 소도시의 시장으로 선출됐고, 재임 동안 산에 몰리브덴 광산이 들어서는 걸 막아내어 존경받는 시장으로 인정받았다. 성공한 기업가이자 지역사회 일자리를 1천 개를 제공해 콜로라도 국회의원 후보로 나서고, 환경보호가 및 자연보호 활동가, 비행기 조종, 급류 래프팅을 즐기고 미국에서 유명한 저술가, 동기부여 강연가로 활동하고 있다. 그는 잠재의식의 힘을 이렇게 정리한다.

"장애인이 되기 전에 내가 할 수 있었던 일은 1만 가지였다. 지금은 9천 가지가 된다. 선택은 두 가지다. 못하게 된 1천 가지를 곱씹든가, 아니면 남은 9천 가지에 집중하든가."

그는 태양신경총에 태양의 빛만 허용했다. 여기에는 불가능이 없다. 무한 능력이 나오는 곳이다. 여러분은 지금 미첼보다 더 유리한 조건이 아닌가?

1분 명상
우리에겐 태양신경총이라는 전능한 힘이 있다.

71
말투를 되는 방향으로 바꾼다

지금까지 쓰던 말이 거의 부정이었다면 지금부터 바꾸면 성공할 수 있다. 이제부터는 태양신경총에서 수많은 좋은 에너지가 대기로 발산될 수 있게 '할 수 있다'에서 '해내지 못하는 게 이상하다'라는 말투로 바꾼다. 말투가 바뀌면 내면에서 에너지가 달라진다.

신경 척수액에서 돌아다니는 혈액의 70%가 물이다. 일본 과학자인 에모토 마사루는 물에 어떤 말을 들려주느냐에 따라 물의 결정체가 달라진다는 사실을 실험을 통해서 확인했다.

《물은 답을 알고 있다》에는 물에 관한 결정 실험한 사진이 나온다. 물에 어떤 말을 써서 병에 붙여서 보여주기만 해도 수정체가 아름답게 변하기도 하고, 추하게 변화하기도 했다. 긍정의 말은 수정체가 아름다웠다. 부정적인 말은 하나같이 물의 결정체를 파괴했다. 불평하는 말은 수정체가 아름답지 못하게 찍혔다.

어떤 말을 들려주느냐에 따라 잠재의식의 결정체가 달라진다. 해낼 수 있는 정신을 가질 수 있는 말은, "할 수 있다"이다. 대부분 용기를 내서 해보는 사람들은 이 말을 자주 쓴다. 이것보다 더 강한 말은 "못하는 게 이상하다", "성공하지 못하는 게 더 이상하지"라는 말을 써보면 느낌이 더 강하단 걸 알 수 있다.

오사카의 한 초등학교에서 선생님이 단체 줄넘기 실험했다. 훈련 과정을 일기로 작성하게 했다. 아이들이 단순히 '대회에서 우승하고 싶다'라는 생각을 기록했을 때는 목표를 달성할 수 없었다. '반드시 우승하고 싶다'라는 말을 썼을 때도 연습 기록 량을 달성하지 못했다.

실망하는 아이들에게 잠재의식에 성공의 기쁨을 입력하기 위해서는 다른 식으로 목표를 주어야 했다. 1,200번 이상을 뛰자고 목표를 정했을 때 실패했다. 1,200번을 넘어야 우승인데, 너무 높은 목표에 아이들은 지쳤다. 그때마다 아이들이 실망했다. 우승하기 위해선 100번씩 20번을 뛰는 걸로 연습 방법을 바꿨다. 아이들의 일기에 쓰는 말투의 방향이 바뀌었다. '1,260번 못 하리란 법은 없다.', '우승하지 못하는 게 이상하다'라는 말을 하며 자신감이 상승하였다. 아이들은 대회 신기록을 세웠다.

이 방법은 비즈니스 리더나 성공하고자 하는 의지가 강하게 작동하는 사람들에게 잘 듣는 잠재의식의 말투이다. 자주 되뇌면 잠재의식이 성공을 못 할 수가 없게 만든다. 돈을 잘 벌고, 성공하는 사람들은 삶의 자세에서 이미 말투가 "실현하지 못하리란 법은 없어. 저런 사람도 하고, 저렇게 어려운 환경에서 해내는 사람들도 했는데 나라고 못 할 리가 없지." 이렇게 잠재의식의 말투가 편성되어 있다.

미국의 실리콘 밸리 성공 신화 김태연 회장도 회사의 벽에다 "He Can Do, She Can do, Why Not Me?" "그도 하고, 그녀도 하는데 왜 나라고 못 하겠어?" 이런 느낌이다. 내가 못 해내는 것이 이상하다는 말투가 그녀를 가난한 이민자에서 미국에서 가장 성공한 한국인 여성이 되게 했다. 캘리 최 회장님도 이분의 말을 따라서 외쳤던지 어마한 성공을 이뤘다.

1분 명상

잠재의식에 "내가 성공하지 못하는 게 이상하지."라는 말투를 심자.

72
진짜 성공하고 싶으면 아침에 일찍 일어나라

잠재의식은 고요하고 주위가 조용할 때 잘 나타난다. 잠을 잘 때가 가장 활발히 잠재의식이 움직인다. 꿈속에서 주는 잠재의식의 표상은 좀 애매하다. 어떤 상징으로 꿈에서 답을 주는지 확실하게 훈련하지 않으면 좀처럼 알 수 없다. 자고 일어나서 마음을 고요히 하고 명상하면 답이 떠오르는 경우가 많다.

일찍이 세상에서 존경받는 성인들이나 현자들, 진리의 스승들은 아침에 일찍 일어났다. 신과 성스러운 대화도 있지만, 잠재의식의 힘을 키우기 가장 좋은 시간이 이른 아침이기 때문이다. 예수는 습관적으로 일찍 일어나서 고요한 산에 올라가 신성한 교제를 나누었고, 부처도 항상 해가 뜨는 시간이 이전에 일어났다. 부처의 제자들도 그렇게 하도록 명을 받았다.

사원이나 절, 명상하는 곳, 교회 등은 잠재의식을 잘 활용하여 존재의 신성한 곳에 접속할 줄 안다. 잠재의식을 훈련하는 방법을 잘 알기 때문에 항상 새벽 3시에서 5시에 불이 켜져 있다. 이른 시각에 그날의 일을 시작하면 시간을 크게 번다. 아무런 목적 없이 낭비하고 있는 시간에 잠재의식과 교류하는 명상하는 습관을 들이라. 성공하고자 한다면 명상은 필수적인 과정이다. 마음을 고요히 하고 내면에서 어떤 소리가 나오는지 들어야 할 것 아닌가. 성공하는 것이 맞는지, 게으른 것이 맞는지 판단은 잠재의식 속에 들어있다.

위대한 자들이 머물렀던 높은 경지는 갑자기 이루어진 것이 아니다. 그들이 높은 의식의 상태에 들어간 것은 잠재의식을 활용하는 방법을 알았기 때문이다. 동료들이 밤에 잠을 자고 있을 때도 그들은 향상하기 위해 큰 노력을 기울였다. 박준 뷰티아카데미의 대표이자 박준 뷰티랩 회장인 박준 헤어디자이너도 일을 명상으로 승화시켜 잠재의식의 태양신경총에 접속했다.

일에 몰두한 상태를 명상으로 보고, 아플 시간도 없이 일했다. 그런데 그는 그 일을 사랑했고, 가위를 잡으면 어지간한 통증도 못

느낀다고 한다. 거의 신과 접속한 상태에선 이런 불가사의한 힘이 나온다. 고도로 몰입된 상태는 일이나 명상이나 똑같다. 마더 테레사 수녀님도 캘거타 빈민가에 들어가 평생 하루 18시간 봉사해도 지치지 않았다. 헐벗고, 굶주리고 병에 걸린 사람들에게 예수 그리스도의 사랑을 전하라는 잠재의식의 속삭임을 듣고 그대로 실천했다.

아침에 일찍 일어나서 이런 질문을 해보자.

1. 오늘 내가 해야 하는 정말 중요한 일은 뭘까?
2. 오늘 꼭 해야 하는 일은 뭐지?
3. 앞으로 꼭 챙겨야 하는 일은 뭐지?

삶에서 가장 중요한 질문을 하지 않으면 시간은 금방 어디론가 사라질 것이다.

1분 명상
아침에 일찍 일어나서 자신에게 질문하는 것으로 명상하자.

73
진짜 자아를 찾아라

만약 잠재의식의 느낌이라고 해서 앞만 보고 달렸는데 이 길이 내 길이 아니었다면 어쩔 것인가? 그 목적지에 다다르기 전에 진짜 자아가 누구인지를 진정으로 고민해 본 적이 있었나? 그 목적지에 도달했다면 무엇을 보고, 무엇을 느끼고, 무엇을 나누고, 무엇을 사회에 기여하고, 어떻게 행동할지 평소에 이미 이루어진 상상대로 살면서 행복했으면 목적지에 도달해도 후회가 없을 것이다.

하지만 진짜 자아가 아니라 가짜 자아가 이끌면 다음과 같은 현상이 일어난다.

1. 자신이 아닌 타인의 기대와 목적에 부응하기
2. 갈등을 무서워하고 타인에게 자신을 노예처럼 대하기
3. 거부와 비난받는 것이 두려워 진짜 자신 모습을 감추기
4. 자신의 업적을 크게 부풀리거나 이상화시키기
5. 본래의 모습을 버리고 지나치게 비굴한 모습 보이기
6. 사람들이 보고 싶어 하는 모습만 보여주기

진정으로 자신 삶을 산 사람들은 있는 그대로 진실한 모습을 보여준다. 만약 성형하거나, 겉으로 멋있게 포장된 사람들이 타인에게 다가서면 그들의 내면은 어떻게 보일까. 항상 내면 깊이 잠재의식 속에는 '나는 부족하고, 나는 멋지지 않고, 나는 행복하지 않으니 겉으로 포장해서라도 자신감을 가져야 해'가 있다. 이 생각도 스스로 선택한 것이 아니라 부모나 사회, 대중매체 광고의 거짓 잠재의식 (subliminal) 효과에 의해서 주입된 것이다.

이쁘다고 생각하여 아무리 겉모습을 그럴듯하게 포장해도 사람의 에너지는 내면에서 나온다. 포장된 모습이 다 보인다. 가짜 자아를 진짜 자아인 양 포장해서 살지 말라. 세상에 가짜인 모습만 보여주면 잠재의식은 당신의 그런 모습에 끌리는 사람들만 보여줄 것이다. 에너지를 다 빼앗는 태양신경총에서 빛이 나지 않고, 어둠

과 그림자와 그늘을 가진 사람들을 자신의 주변에 두고 싶지 않다면 이제부터 진짜 자신으로 살아라.

그렇지 않으면 영혼이 마음속으로 매일 운다. 그렇게 살면 아무리 성공해도 행복하지 않을 것이다. 세상에 자신의 진짜 모습을 보여주라. 사람들이 삶의 끝에서 가장 후회하는 한 가지는 다들, 속 시원하게 자신이 하고 싶은 것을 하고, 속 깊은 감정을 후련하게 다 말하고 표현하는 것이다. 이것이 잠재의식과 의식이 일치하여 행복하게 사는 길이다.

행복한 삶을 목표로 항상 무엇인가를 성취하기 위해서 부단히 달린다. 그러나 잠시 멈춰서 '내가 가는 길이 올바른가?'를 질문하지 않으면 목적지에 가서 주인공으로 살지 못하고 평소에 반성하며 살지 못한 점에 대해서 후회할 것이다. 그러지 않기 위해서 책을 읽고 있어야 한다.

1분 명상
지금 가고 있는 길이 진짜 자신이 원하는 일인가?

74
인생에서 고귀한 목표를 고를 수 있는 질문을 잠재의식에 던진다

질문기법은 잠재의식을 의식화하는 데 아주 중요한 도구다. 이제 자신이 지금 하는 일이 굉장히 잘 되고 좋으면 계속한다. 그러나 가는 길이 정말 자신이 바라는 것이 아니라면 평소에 질문을 해야 한다. 질문은 반드시 답을 준다.

미국의 잠재의식의 대가 앤서니 라빈스는 헬리콥터를 타고 강연장에 도착해야 할 정도로 미국에서 큰 성공과 부를 이뤘다. 그도 처음부터 자신의 사명을 발견하지 못했다. 가난했고, 몸이 100kg 이상의 거구로, 살이 너무나 쪄서 인생을 비관하던 중 이렇게 살아선 안 되겠다는 잠재의식의 각성이 왔다. 지금까지 나쁜 습관에서 벗어나지 못한 자신을 보고 스스로 던지는 질문을 완전히 바꾸어 버렸다.

아침마다 명상하는 시간에 일어나서 "나는 왜 ~하지 못할까?"라는 부정적인 질문을 하는 습관에서 긍정적으로 질문했다. "어떻게 하면 내게 주어진 일을 즐겁게 할 수 있지?" "지금처럼 계속 산다면 미래에 나의 삶은 어떻게 될까?" "내가 진심으로 고마운 사람들, 일들, 축복은 뭐지?" 등 앞으로 성공하기 위해서 지금의 나쁜 습관을 끊고 새롭게 바꾸고자 큰 의지를 내었다.

제임스 알렌도 나쁜 습관을 극복하기 위해선 의지력이 필요하다 했다. 습관은 잠재의식에 반복된 생각의 패턴일 뿐이다. 이를 깨기 위해선 강력한 질문이 필요하다. 필자에게 강력한 질문은 "오늘이 내 마지막 날이라면 나는 무엇을 할 것인가?" 그러면 삶의 본질적인 질문에 대한 진짜 나에 대한 답이 나온다. 사명이 될 일에 관한 대답이 나온다. 자신을 끊임없이 관찰할 수 있는 질문을 해서 본질과 마주해야 한다.

목표의 방향과 지혜롭게 살기 위해선 의지를 다지고 반복하는 수련이 필요하다. 정신을 분산시키지 말고, 오직 질문에 대한 답이 나오면 잠재의식이 느낌으로 드는 것이므로 충실히 따라보자. 매 순간 주어진 일에 최선을 다하면서 자신의 목적을 충실히 따르다 보면 강력한 목표 의식과 집중력이 생긴다. 단일한 목표와 집중력은 세상의 좋은 힘을 다 끌어온다. 스스로 몰입의 기쁨과 편안함을 줄 것이다. 게으름은 어떤 순간에도 수양에 도움이 안 된다. 해야 할 일이라면 지금 당장 바로 하는 것이 결단력을 기르는 데 좋다. 1초라도 꾸물대지 말고, 그냥 하는 것이 에너지 낭비를 막는다.

일을 즐겁게 다 했을 때의 고귀한 느낌, 평화로운 느낌, 성취감은 어떤 느낌일까?

이 느낌을 매 순간 사실로 받아들인다. 이 훈련이 되면 느낌으로 바라는 모든 상황을 창조할 수 있다. 이미 실체는 깊은 곳에 존재한다. "그 느낌이 진실이라면 어떤 기분이 들까?" '즐겁다, 행복하다, 건강하다, 평온하다, 여유롭다' 등 이름을 붙일 것이다. 여기 이 느낌을 3일만 지니면 현실에 나타난다. 성경에서는 3일 안에 그 느낌을 "메마른 땅에서 물고기를 토하게 만든다고 비유한다. 질문하라.

1분 명상
올바른 질문을 하여 느낌에 대한 답을 찾자.

75
세상은 여러분의 명령을 애타게 기다린다

잠재의식의 대가 네빌 고다드는 '세상이 여러분 것'이라고 말했다. 속박되어 있다는 꿈을 깨고 나와라. 꿈에서 깨면 다른 현실이 보인다. 세상이 여러분 것이 아니라는 증거가 어디 있겠는가. 우리는 홀로 단 1분 1초도 존재하지 못한다.

누군가 길을 만들었기에 걸어 다니고, 누군가 기른 음식을 먹고, 그 음식을 유통한 사람들, 우리에게 옷을 입도록 만들어준 봉제 공장, 회사, 하청 업체, 기업, 이동할 수 있도록 교통수단을 만든 사람들의 잠재의식이 우리가 서로 함께 사는 세상임을 알려준다. 그러니 세상이 누구의 것이랄 게 없다. 모두 함께 존재하기 때문에 이 세상은 각자 개인의 것이다.

모든 것은 상상으로 만들어졌다. 성경에서 하나님이 "있으라." 명령하면 만들어진 것처럼, 인간에게는 잠재의식이 상상력을 받아들여 현실에서 나타나게 한다. 우리도 그 창조주의 지음 받음이기 때문에 의심 없이 선포한 것들이 현실에 나타나고 있다. 세상 속에 어떤 것이든 먼저 내부에서 "있으라." 명령하지 않은 것이 나타난 것은 하나도 없다.

의식 안에서 만물이 이루어지기 때문이다. 창조주의 본성은 나의 인식(I Am)이 나를 그대에게 보냈다고 하니, 오직 상상으로 인식하면 그대로 우리에게 보내진다. 명령을 안 하는 것은 믿지 않기 때문이다. 그러나 상상으로 모든 걸 이루어본 사람들은 외부 세계를 바꾸려 하지 않고 오직 내부의 전능한 무한 지성에게 달라고 명령한다. 그리고 질문한다. 이건희 회장이 잠재의식의 대가였다. 그는 사람들도 잘 안 만나고 집에서 상상이 확실할 때까지 잠재의식에 계속 명령했다.

잠재의식의 대가들은 상상한 것을 얻으려면 무엇을 해야 할 것인지를 매일 밤 자기 전 조용히 기도와 확언의 형태로 명령을 전달한다. 이 책의 처음부터 끝까지가 될 긍정 확언, 이는 신의 언어다.

다윗도 시편에서 "고요하라, 그러면 내가(I Am) 하느님인 것을 알게 될 것이다(Be still and know that I am God)."라고 했다.

이 세상은 그곳에 존재하는 모든 것이 나에게 온다. 내 것임을 깨닫는 순간 그 모든 것을 누릴 수 있다. 인간의 능력보다 더 무한한 잠재의식이 모든 것을 다 알고 있다면, 한계에서 나올 수 있다. 누군가는 불가능한 일을 해내지 않는가. 보이지 않는 것은 이미 외부 세계에 존재한다. 여러분은 신의 의식으로 태어나서 내부의 신성한 목소리에 따라서 살기 때문에 무엇이든 명령하고 요청하면 받을 수 있다. 자신이 하는 말을 잘 들어보자.

잠재의식과 접촉하는 방법을 이 책을 통해 완벽히 숙달하라. 잠재의식은 예수님이나 부처님이라고 할 수 있다. 창조적 힘이 있는 잠재의식을 완전히 내 것으로 만들라.

1분 명상
바라는 것이 무엇이든 잠재의식에 명령하자.

76
강하게 믿으면
신념의 마력이 이루게 한다

 마음에 무엇이든 떠올리면 세상에 나타난다. 이는 역사를 통해서도 원시시대에는 불가능이 아니라 아예 상상도 못 했던 것들이 지금 가능해졌다. 이제는 자율주행차에 로봇에 4차 산업이지만, 앞으로 5차 산업도 가능할 것이다. 누군가는 상상하고 있을 수 있다. 세상에는 불가사의한 기적들이 일어난다. 모든 창조가 다 잠재의식에 입력하면 시간이 지나면서 진실이라고 느낌이 강하게 올 때 이루어지기 때문이다.

 정신 과학은 오래전부터 있었다. 인류의 역사를 통해서 발전한 마음 과학은 종교에서만 다루는 분야가 아니라, 많은 영역에서 행해지고 있다. 예를 들어 지인이 롯데 회장 의전을 하는 분인데, 롯데 시그니엘 호텔 103층에서 최상급의 회견을 하는 모습을 보여 줬다. 그런데 그곳에는 중국에 소림사 절에서 공중 부양하는 명상가도 있었다. 필자가 "왜 롯데 그룹의 최고의 회장님과 중국의 소림사 절에 있는 신통한 분과 만남을 합니까?"라고 물었다. 잠재의식에 중요한 정보를 기도로 부탁하거나 중요한 심령 정보를 얻기 위함임을 느낌으로 알 수 있었다.

큰 부자들도 주술적인 힘을 믿는다. 절에 가서 호기심에 관찰해보면 어떤 주술적인 힘과 종교의 힘을 반드시 빌리는 것으로 알 수 있다. 풍요를 지향하는 사람들은 기를 중요시 생각한다. 오랫동안 수행을 한 사람들은 기가 남다르다. 그러므로 그들에게 기운을 물을 수도 있고, 긍정적인 기운은 많은 부가 들어오는 통로를 넓히니 마음을 잘 읽는 사람들은 기도 잘 본다. 믿음이 강한 사람들은 태양신경총에서 초인의 에너지가 생긴다. 오랜 기간 수련을 통해서 보겠지만, 일반인들도 할 수 있다. 오직 마음의 눈에 좋아하는 생각만 가지고 있어 보라.

부를 얻기 위해서는 정신을 하나로 모아 오직 부만 생각하면 큰 부를 모을 수 있다. 만약 행복해지고자 한다면 행복하기 위한 목적을 마음의 눈으로 그리고 오직 행복만 생각하면 행복해진다. 무엇이든지 꼭 이루어진다고 믿으면 그것은 반드시 이루어진다. 라틴어의 옛말에 "가질 것이라 믿으면 무엇이든 갖게 된다."라는 말이 있다. 진심으로 원하는 바를 이루고자 한다는 마음이 있으면 그 신념은 외부에 물리적인 효과를 가져온다. 모든 일에 긍정적인 생각을 하는 것이 유리하다. 어떤 일이 일어나든 절망이라고 생각하지 말라. 그 일로 인해서 원하는 바가 이루어진다고 생각하라. 믿음은 신념의 마력을 일으킨다.

영국의 유명한 정신과 의사인 알렉산더 캐논 박사는 "어떤 난치병이라도 신념으로 고칠 수 있다고"라고 말했다. 신념이란 철두철미하게 믿고, 조금도 의심하지 않는 절대적인 상태라야 한다. 박사에 따르면 "만일 잠재의식에 박힌 고정관념을 바꿀 수 있다면, 게가 다리를 재생시키듯, 사람도 다리를 재생시킬 수가 있다."는 말이 사실이다. 필자도 지인 중에 어린 시절 장애로 태어나 오강에 버려져 척추가 없이 자라다가 아이가 종교의 신념과 믿음의 절대적인 힘으로 척추가 생긴 이야기도 직접 아이 엄마에게서 들었다. 어른이 되어 건강하게 사는 것도 신념의 마법이다.

1분 명상
믿으면, 잠재의식이 모든 것을 가능하게 만든다.

77
인류의 발전은
위대한 사람들의 신념과 노력의 결과다

　인간의 정신 작용도 노력하면 바뀔 수 있다. 부정적이었던 사람들이 생각을 긍정으로 바꾸어 얼마나 미래를 달리 창조했는가를 책이나 위인의 전기에서 쉽게 접할 수 있다. 인간의 정신 작용을 이해하면 믿음은 뒤따라온다. 과학자들이나 정신의학자들이 지식을 성장시켜 인류의 질병 퇴치나 문명을 크게 발전시킨 것처럼, 우리 인간도 정신을 끊임없이 이해하고 적용해 믿음을 성장시켜 나가는 것이 자신을 알아가는 지름길이다.

　물론 시간이 걸릴 수도 있다. 아인슈타인이나 에디슨은 수학과 우주의 신비에 매혹되어 평생의 노력을 기울였다. 잠재의식은 이런 사람들에게 반드시 비밀이 열렸다. 에디슨은 전기의 원리를 밝혀내기 위해 생각하고 또 생각하고, 실험하기를 포기하지 않았다. 결국 그의 굳은 의지 앞에 전기의 원리가 드러나고 말았다. 모든 헌신과 노력으로 인류의 어둠을 밝혀 봉사한다는 그들의 고귀한 목적이 이루어졌다. 뭔가를 얻기 위해선 먼저 관심과 노력과 헌신이 전제되어야 한다. 그것이 이생에서 이루어질 수 없는 것이라도 믿음이 확실하면 밀고 나가야 한다.

농부는 가을의 수확을 위해 봄에 씨앗을 뿌린다. 뿌리고 씨앗을 다시 뽑지 않는다. 자라지 않는다고 걱정하지도 않는다. 씨앗이 가을에 엄청난 수확을 가져다주는 결과를 안다. 무엇인가를 얻기 위해서는 먼저 뿌린 다음에는 그것이 올 것을 믿어야 한다. 포기하지 않으면 반드시 승리한다. 부를 얻고 싶다면 먼저 잠재의식에 부에 대한 도장을 아예 문신하듯 찍어야 한다. 지워지면 희미해져 사라진다. 잠재의식에 찍힌 도장이 현실이라는 공간에 믿음의 헌신과 노력으로 나타나게 된다.

부자들은 의도적으로 낙서할 때, '부'라는 단어를 전화를 받으면서도 적는다. 통계적으로 그렇다. 그리고 부를 상징하는 그림이나 기운이 좋은 풍수의 물건도 곳곳에 배치한다. 그리고 집 안의 서재에 부에 관한 책이 가득하다. 그렇게 잠재의식을 전부 부로 채우면 부는 곧 나타난다. 이것이 씨앗 심기의 비밀이다.

신념의 마력 저자인 브리스톨도 전쟁 때 부를 얻겠다고 결심하고 잠재의식에 도장을 찍은 후에는 공책에 쓰는 모든 글씨가 달러(Dollar)라고 할 정도로 부에 집중되었다고 말했다. 실제로 고대 신비서 《람타》에서 부를 얻는 방법은 아주 큰 부를 상징하는 상징물을 매일 1시간씩 집중해서 보면 부자가 된다는 형이상학적 방법을 알려준다.

이런 것을 의심하고 해보는 사람들의 차이는 있다. 현실에서 풍요의 차이가 반드시 나타난다. 실행해 보는 사람들이 훨씬 더 큰 부를 계속해서 끌어당긴다. 부자들을 관찰해보면 실로 그런 부를 나타내는 상징물이 집안에 많다. 이건희 회장의 미술 컬렉션과 보물들을 집에 가져다 놓고 매일 본 것만 봐도 알 수 있다. 외국도 마찬가지다. 어떤 결과를 맺기 위해선 끊임없이 자신의 주위를 그것과 어울리는 에너지로 채워야 한다. 노력과 헌신이 필요하다.

1분 명상
잠재의식에 믿음의 도장을 찍어보자.

78
행복해지기 위해선 긍정적인 자세를 취하라

사람들은 책을 읽거나 세미나와 의식 있는 사람들을 만난 후에는 의욕이 가득하다. 긍정적인 생각으로 가득 연료를 채운 후, 현실에서 여러 가지 환경에 반응하다 보면 긍정성이 떨어진다. 실망할 상황이 하루에도 수십 번 일어난다.

그러나 이제는 잠재의식의 힘에 대해서 배웠기 때문에 딱 멈춰서 질문할 수 있어야 한다. 이 상황이 주는 긍정적인 목적은 무엇이지? 무슨 일이 있더라도 잠재의식이 주는 힌트로 생각하고 바로 생각이나 감정을 바꿀 수 있도록 어떤 조치라도 바로 취해야 한다.

가장 좋은 행동은 여러분에게 닥친 모든 상황이 기쁜 일이라는 듯 행동하는 것이다. 실망스러운 사건 속에서도 긍정적인 부분을 찾아내도록 노력하는 것이다. 사이토 히토리 일본의 최고 부호는 항상 이런 처방을 쓴다. 진동수를 떨어뜨리지 않는 사람이기 때문이다.

모든 일이 에너지이기 때문에 실망에 실망으로 대처하면 인간의 감정이 금방 바닥으로 떨어진다. 그래서 사이토 히토리에게도 병에 걸려서 상담하러 찾아온 사람들에게 이렇게 처방해준다. 즐겁게 갈비를 뜯으면서 재미나게 웃으면서 즐겁게 맛난 걸 먹으라고 한다. 침울한 병과 갈비를 뜯는 모습은 언뜻 그런 매치가 안 된다. 하지만 그렇게 하는 행위는 우주에 주문된다. 어떤 일이든 이미 나을 때 하는 즐거운 행동을 취하면 금방 몸이 나아진다.

제임스 알렌은 생각 힘을 가장 위대하게 설한 사람이다. 그는 긍정적인 생각의 중요성을 강조한 철학자다. "인간은 스스로 만들어지기도 하고 파괴하기도 한다"라고 했다. 인간은 오직 생각의 창고에서 스스로 파괴하는 무기를 스스로 휘두르기도 하고, 천국의 집을 짓는 도구를 만든다. 외부로 드러나는 환경은 내적인 생각의 세계를 그대로 반영한 것이니 만약 잘못된 생각으로 외부의 환경에 자신을 파괴하는 결과를 가져오면 내부의 정신적인 환경을 긍정적으로 바꿔야 한다.

이미 부자인 것처럼 행동하고 자신감 있는 자세를 취하고, 가능하면 많이 웃고, 활기찬 몸짓과 운동을 통해서 몸과 마음에 근육을 단련하고, 긍정적인 단어를 선택하는 것이 잠재의식에 올바른 명령을 내릴 수 있는 토양을 만든다. 생리학과 긍정적인 사고 사이의 직접적인 관계를 규명하는 연구가 있다. 그 둘은 영향력이 깊다. 결과적으로 좋은 자세는 사고와 감정에 좋은 영향을 끼친다. 똑바르고 편안한 자세를 취하면 여유가 생겨 사람들에게 좋은 인상을 줄 것이다. 몸짓은 활기차게 걸으면서 자신감과 당당함과 여유로운 감정을 세상에 좋은 에너지로 뿌리면서 걸으며 주위에 모든 것을 축복해 보라. 놀라운 일이 일어날 것이다.

1분 명상

지금 기지개를 피면서 하늘로 손을 뻗어보자.

79
지금 일어나는 모든 일은 도움이 되는 일이라고 믿어라

"All things lead to my success, happiness, and wealth."
"모든 것이 나를 성공과 행복과 부로 이끌고 있다."

이 긍정 확언은 여러분에게 매 순간을 원하는 방향으로 이끄는 확언이다. 미국의 유명한 자기 계발 강연가이자 저술가인 캐서린 폰더도 자신의 큰 부가 바로 이 긍정 확언에서 왔다고 말했다.

"모든 사람과 사물이 지금 나를 부와 풍요로 이끌고 있고, 나도 지금 모든 사람을 부와 풍요와 건강과 행복으로 이끌고 있습니다." 이 말을 가난한 미망인 시절에 마음속 잠재의식에 도장을 찍었다. 남편과 사별하고 아들을 홀로 키우는 가난한 시절 캐서린 폰더 목사는 부에 관한 책도 읽지 않았다. 어떻게 하면 홀로 아이를 키우면서 경제적인 가난을 해결할 수 있을지를 연구하다가 그때부터 도서관에 있는 부를 끌어당기는 책을 모조리 읽었다.

그 결과 그녀는 하나의 공통점을 발견했다. 부를 이끄는 것은 잠재의식이고, 이 의식에 반드시 부에 관한 긍정적인 말을 계속 조용히 읊조려야 한다는 비밀을 알았다. 지금 비록 가난할지라도 '이 불행이 도움이 되는 일이 될 거야'라고 믿고 실제 상황이 그렇게 흘러가도록 마음속에 와 닿는 확언 문장을 하나 잡고 놓지 않았다. 그 결과 그녀는 교회를 여러 개 지었고, 아주 멋진 집에서 살게 되었다. 중요한 것은 그녀가 책의 원고를 쓸 때, 그 책의 원고를 읽거나 들은 사람들도 갑자기 부가 늘어났다는 점이다.

아무리 불행한 사건이나 환경에 처해있을지라도 사실은 그 일이 여러분을 부(富)와 깨달음의 세계로 데려가기 위한 삶의 축복이라고 생각해야 한다. 실제로 상황이 그렇게 흘러가지 않더라도 확신을 해야 한다. 당신의 긍정적인 태도 덕분에 어느 순간 성공한 많은 부를 이룬 사람들처럼 당신도 긍정의 갈림길에 서 있는 자신을 볼 수 있을 것이다. 그리고 많은 풍요로운 부를 누리고 건강한 자신을 보면서 기적이라고 생각할 것이다.

긍정적인 생각을 잘 유지하다가도 힘든 일이 올 때도 있을 것이다. 최고의 나를 끌어내는 부의 심리학은 오직 확신과 신념이라 생각하고 당신에게 닥친 이 사건이 기쁜 일이라는 듯 행동하라. 실망스러운 환경 속에서도 긍정적인 목적을 찾아라. 아무것도 못 찾겠다고 해도 괜찮다. 일단은 기뻐하라. 축복이고 선물이 될 미래를 생각하면 웃음이 나올 것이다. 불행한 일에도 기뻐할 수 있는, 엉뚱하지만 삶이 긍정적으로 바뀌는 바보처럼 웃는 습관을 들여야 한다. 잠재의식의 원리를 알면 여러분은 지금 필자가 왜 이 말을 하는지 이해할 것이다.

1분 명상
어떤 일이 일어나도 긍정적인 태도를 유지하자.

80
긍정적인 마음을 기르는 10가지 방법

 가슴이 설레고 생각만 해도 기분이 좋은 일들을 많이 해본 적이 언제였는가. 지금도 그렇게 살고 있는가. 어린아이처럼 소풍 가는 날 저녁에 잠 못 이루었던 날이 지금도 이어지고 있는가. 그런 분들은 대부분의 삶의 목표를 다 이루면서 남들을 돕는 일을 하고 있을 것이다. 잠재의식에 긍정성이 새겨져서 모든 일에 감사하는 경지가 되면 사회에 이바지하는 쪽으로 자연스럽게 삶의 방향이 바뀐다.

 행복한 마음이 타인에게도 전달되길 바라라게 된다. 태양신경총에 에너지 가득한 선한 마음은 긍정성 훈련으로 얻어진다. 아무리 해도 자꾸 부정적으로 사고하는 습관이 안 사라진다고 하는 분들을 위해 10가지 잠재의식의 좋은 습관을 소개하겠다. 나쁜 습관을 없애기보다 좋은 습관을 기르면 자연히 나쁜 습관은 끊어진다. 잠재의식에 좋은 습관은 긍정성이 저절로 들게 만든다.

사람들은 누구나 삶에 아무런 자양분이 되지 않는 나쁜 마음의 습관이 있다. 토니 라빈스도 좋은 습관을 들여 나쁜 습관을 끊기 위해 신경 언어 프로그래밍(NLP)을 고안할 정도로 잠재의식을 빠르게 바꾸었다. 좋은 습관이란 여러분의 삶을 더 나은 방향으로 활력으로 바꾸어주는 긍정의 습관을 말한다.

하루에 열 가지씩 기분 좋은 일들을 목록을 정해서 스스로 선물처럼 해주는 것이다. 이른 아침 일어나 자신이 생각만 해도 기분이 좋아지는 목록 10가지를 적는다. 아주 간단한 것에서 작게 시작해야 한다. 너무 거창하면 목록을 적는 것 자체가 부담될 수 있다.

점심 먹고 자연이 있는 곳에서 걷기, 항상 내 이야기 잘 들어주는 친구에게 전화하기, 자신이 좋아하는 과일 먹기, 거품 목욕, 책상 정리하기, 오렌지 주스 갈아서 먹기 등 자신을 아끼는 즐거운 활동 해줌으로 인해 스스로 아껴주면 주변에 긍정적인 에너지를 퍼뜨려 밝고 환하게 생활할 수 있다.

스스로 하는 것이 아니라 에너지를 전염시키기에 가족, 동료, 이웃 등 항상 기분 좋게 웃고 다니는 변화한 자신에게 칭찬과 긍정적인 피드백을 줄 것이다. 이제 됐다며 10가지 목록 적는 것을 그치지 말고 계속하자.

이것은 목표를 설정하는 방법을 익히는 훈련하는 것이다. 이 연습이 익숙해지면 자신에게 중요한 목표를 설정하고 새해의 거창한 계획이 아니다. 잠재의식에서 너무 거대해서 포기하게 만드는 것이 아닌 모두 성공하게 만드는 자신감을 키우는 방법이다.

1분 명상
매일 하루 10가지 목록을 의식하라

81
자신이 내뱉는 말을 조심하라

우리가 매일 쓰는 말이 확언이다. 매일 매 순간 하는 모든 생각도 확언이다. 생각이 언어를 통해 인지되어 행동으로 나오게 하니 모든 것이 확언이다. 확언이라는 말이 생소한 분들을 위해 확언에 대해 잠시 살펴본다.

옛말에 "말이 씨가 된다. 콩 심은 데 콩 나고, 팥 심은 데 팥 난다. 가는 말이 고와야 오는 말도 곱다. 낮말은 새가 듣고 밤말은 쥐가 듣는다."라고 어른들이 자주 이야기했다. 속담인데도 여기에는 과학적인 원리가 숨어 있다. 아무리 비밀스럽게 한 말이라도 남의 귀와 자신 귀에 들어가기 쉬우니 항상 조심하라는 것이다. 자신 안에는 무한지성과 잠재의식이 살아 있다. 소리는 차가운 공기가 있는 쪽으로 휘는 성질이 있다. 부정적인 말을 하면 그것이 강하게 확신하는 확언이다. 낮에는 차가운 공기가 있는 위로 향해 새가 들어 온 우주에 다 퍼뜨리고, 밤에는 지구의 표면이 식기 때문에 하늘은 따뜻한 공기가 머물고 땅은 차가워져 쥐가 소리가 잘 퍼지는 땅에서 다 듣고 있다는 놀라운 옛 어른들의 잠재의식이다. 지혜에 놀라지 않을 수 없다. 우리가 하는 모든 말과 행동, 생각은 이렇듯 어딘가에 모두 저장되고 있다는 사실을 알아야 한다.

루이스 헤이 확언으로 삶을 완전히 바꾼 잠재의식의 대가는 이렇게 말한다.

"우리가 하는 생각과 말이 거의 부정적일 때가 많습니다. 부정적인 말과 생각은 좋은 경험을 만들어 내지 못합니다. 만약 여러분이 삶을 치유하고 싶다면 반드시 지금 하는 생각과 말을 긍정적인 패턴으로 바꾸는 훈련을 하셔야 합니다."

세 치 혀가 사람 잡는다. 세 치의 혓바닥에 다섯 자 몸을 좌우한다." 이런 말들이 전부 확언의 놀라운 힘을 알고 있던 잠재의식의 경고이다.

세 치는 단위 환산으로 9cm다. 이, 세 치 혀가 사람을 죽일 수도 있고, 살릴 수도 있다. 곧고 강직한 말은 아무리 조용하게 말하더라도 허물을 바로 잡고, 모자람을 채워준다. 공자는 제자들에게 일상에서 말을 믿음직스럽게 하라고 했다. 혀끝의 말을 무겁게 가려서 하라는 가르침이다.

성경의 요한일서 3장 18에 "자녀들아, 우리가 말과 혀로만 사랑하지 말고 행함과 진실함으로 하자"라는 구절이 있다. 요한은 우리에게 말이 진실할 것을 권고했다. 잠재의식에서는 말이 진실하다고 믿으면 무엇이든 처리하는 속성이 있기에 말이 상대를 사랑하고 행할 수 있는 진실한 말이라면 하고, 만약 그렇지 않으면 혀로 내뱉으면 안 된다. 그래서 수행자나 깨달은 사람들은 철저히 침묵했다. 내뱉는 말의 무거운 귀중한 가치가 있기 때문이다. 잘못된 행동을 하면 거두절미하고 강력한 한 마디로 행동을 그 자리에서 바꾸어 깨달음에 이르게 한 부처님과 아라한의 이야기는 생활 속에서 심심치 않게 볼 수 있다.

1분 명상
자신이 하는 말이 모두 확언이니 조심스럽게 살펴서 하도록 한다.

82
긍정 확언은 잠재의식이
가장 효과를 내도록 돕는다

다음의 진술문이 자신에게도 해당한다는 분은 지금 마음속으로 웃어보자.

"나는 내가 강력해지도록 허락한다."
"나는 나에게 필요한 타고난 재능이 있다."
"나는 어떤 일이든 할 수 있는 돈과 지능이 있다."
"나는 열정과 목적을 가지고 하루를 재미나게 산다."
"나는 나의 능력을 존경하며, 늘 내가 가진 잠재력을 충족시킨다."
"나는 나에게 필요한 돈과 재정적인 지원이 항상 넉넉하게 있다."
"나는 내가 설정한 꿈과 목표를 쉽고 애씀 없이 달성한다."

성공한 부자들이나 시크릿의 주인공들이 매일 아침 소리 내어 외치고 읽는 문장이 확언이다. 긍정 확언으로 진술해야지 부정 확언으로 진술하면 안 된다.

예를 들어, 나는 아프고 싶지 않아. 나는 가난해지고 싶지 않아. 나는 병에 걸리기 싫어. 나는 지각하기 싫어. 나는 뚱뚱해지기 싫어. 나는 내 몸의 어느 부분이 이래서 저래서 맘에 안 들어.

이런 문장은 전부 부정 확언으로 더 아프고, 더 가난하고, 더 병에 걸리고, 더 지각하고, 더 뚱뚱해지고, 더 맘에 안 들게 한다. 의식적으로 말에 주의를 기울이다 보면 자신이 얼마나 온종일 하는 말이 부정적으로 진술하고 있는지 알 수 있을 것이다.

이렇게 불평하는 단어가 삶에서 원치 않는 경험을 창조해 낸다. 이런 부정적인 생각은 어렸을 때 배웠던 관념일 뿐이다. 그중에 많은 생각이 지금 여러분을 움직이고 행동하게 만든다. 자신이 바라는 것을 이야기할 수 있는데도 내면의 굳어진 신념 때문에 주저하는 경우가 많다. 이제는 잠재의식의 작용을 알았으니, 원하지 않는 것들을 창조하는 그 경험을 의식 속에서 지우기 위해서라도 긍정의 말을 공부해야 한다. 지금부터 하는 생각을 꼭 의식하기를 바란다.

변화의 시작은 지금부터다. 지금이 미래를 창조한다. 과거는 지나갔으니 신경 안 써도 된다. 다 용서되고 받았고, 죄책감이 사라졌다. 그렇게 지금 선포하면 사라진다. 부정적인 생각과 말을 긍정적으로 바꾸는 자유를 누려보자. 확언이 변화의 시작이다. 본질은 우리의 잠재의식이 작용하기 때문에 확언이 제일 효과가 있는 것이다. 확언할 때 여러분의 잠재의식에 이렇게 명령을 내리게 된다.

"나는 내가 지금 하는 생각과 말에 책임을 지고 있어."
"나는 내가 변화하기 위해 뭔가를 할 수 있다는 걸 알고 있어."
"나는 알아. 내가 깊이 변화할 수 있다는 것을."

1분 명상
확언을 한다는 것은 삶에서 새로운 경험을 창조하기 위한 단어를 의식적으로 선택하는 것을 의미한다.

83
미래에 체험할 일들을 미리 써보며 행복을 느끼자

잠재의식은 이미지로 각인된다. 우리의 의식을 채우고 있는 현재 의식 5%와 잠재의식 95% 중 빙산의 아래에 있는 95%를 움직이는 것이 이미지다. 사진, 그림, 장면, 글을 생생하게 써 놓은 그림처럼 세밀한 소설 등을 말한다. 인간의 두뇌는 미래에 진짜로 되고 싶거나 가지고 싶은 이미지를 보게 되면, 꿈이 이루어지는 방향으로 행동하게 한다. RAS가 모든 인간의 두뇌에 장착되어 있기 때문이다.

심리학자들이나 정신 의학자들은 이미지로 전달된 생각이 잠재의식에 전달되면 두뇌에서 새로운 세포가 만들어진다고 한다.

어떤 이미지든지 두뇌에 세포가 수용되면 잠재의식은 바로 실행한다. 잠재의식은 두뇌의 이미지와 관련한 모든 지식의 조각을 이용하여 목적을 이룬다.

미국의 심리학자인 윌리엄 제임스도 세상을 움직이는 힘이 잠재의식의 이미지에 있다고 말했다. 만약 잠재의식에 각인된 이미지가 신념이 뒷받침되면, 모든 것이 실현된다고 했다. 마치 연금술사가 금을 만들 듯, 보물을 찾게 된다. 잠재의식을 이용해서 어떤 방해가 있어도 어린아이가 해맑게 웃고 믿고 뭐든지 요구하듯이 잠재의식에 그렇게 요청해 보라. 미래에 자신이 되었으면 하는 행복한 이미지를 모두 수집하자.

직접 가보는 방법도 좋다. 20대 후반의 호시 오타루는 《신의 멘탈》에서 대기업을 나와 창업해서 첫해에 큰 수입을 올렸지만, 그다음 계획이 없어서 진전이 없었다. 그때 자신이 살던 조그만 연립 주택과 비교가 되는 아파트를 보고 이런 집에서 살고 싶다는 목표를 가지게 된다. 직접 가보니 지금의 집과 너무 차이가 났다.

직접 보고 크기와 쾌적함에 충격을 받아서 이미지를 시각화하고 결국 그런 집에 살게 되었다. 목표가 없으면 다음 단계로 나가기 전에 원동력과 힘이 안 생긴다. 그날이 그날인 듯 지나간다. 꿈을 이루는 과정이 행복이라고 하는 파라마한사 요가난다는 깨달은 사람임에도 꿈을 강조한다.

지금 행복한 것이 신의 존재의 상태에 가깝다. 살면서 지금 행복함을 느끼는 것을 잊는다면, 다시 멈춰서 스스로 질문해야 한다. 뭘 하면 지금의 행복을 찾을까. 행동하는 법을 배우라. 그 전에 어떤 방향으로 가야지만 산의 정상으로 갈 지 이정표를 만들라. 표지를 보고 가면 즐겁다. 산의 정상이 곧 올 거니까. 시각화 혹은 심상화의 상상을 즐기자.

우리의 에너지를 좁힐수록 어떤 일에 곧바로 집중할 수 있다. 걱정하고 긴장하는 잠재의식은 파괴적이다. 깊은 바다에서 떠오른 잠재의식 속에 걱정이 생기면 내면의 평화는 산산이 조각난다. 바로 알아차려 시각화로 돌아오자. 이렇게 살면 어떻게 미래가 될지를 곰곰이 생각해봐야 한다. 참된 행복은 밖이 아니라 안에 있다.
내부의 잠재의식 중에 미래에 꿈이 이루어질 행복한 시각화만 하는 것으로 하루를 보내면 어떨까?

1분 명상
행복해지는 상상 하라.

84
반드시 꿈의 이정표에는 이런 말로 마무리하는 것을 기억하라

마음은 상상과 실제를 구분하지 못한다. 우리 뇌는 복잡한 것을 추론할 수는 있지만, RAS는 중요한 정보만을 포착해서 현실에 나타나게 하는 강력한 장치다. 여기에는 오직 자신이 바라는 이미지만 넣는다.

만약 가고자 하는 방향을 정하지 않으면 RAS는 아무것이나 현실에서 보고 듣는 것을 무작위로 에너지와 파동이 맞으면 창조해 버린다. 만약 오늘 아침에 기분이 나쁘게 일어나서 바라는 감정을 시각화하지 않으면 온종일 교통이 막히는 상황, 타인들이 싸우는 모습, 상사가 혼내는 모습이 현실에 나타나게 될 것이다.

기분이 나쁘면 그 자리에서 꿈의 이정표로 정한 것을 떠올린다. 잘 안 떠오른다면 일단 이 말을 해본다. "편안하고 여유로운 자세로, 건강하고 긍정적인 방식으로" 이 말은 모든 사람이 바라는 마음이 상태다. 그러므로 우리가 꿈을 이뤘을 때 기분이 안 좋거나, 건강이 안 좋거나, 부정적인 감정이 가득하고, 여유롭지 않다면 불만이 가득할 것이다. 그래서 항상 꿈을 이루고 싶거나 목표를 정하고 시각화할 때 이 말을 상상 속에 같이 넣는 것이 좋다.

매사에 성공하는 습관은 확고한 믿음과 신념, 현명하게 설정된 꿈의 지도이다. 자신의 목표가 정해지면, 외부에서 어떤 일이 일어나도 집중하게 된다. 꾸물거리고 미루고 주저하는 습관도 행동하는 행동 에너지로 바뀌게 만든다.

마크 알렌은 백만장자가 되었다. 상상하는 습관이 좀 특이했다. 항상 자신은 게을러서 꿈을 이루면 편안하고, 여유로워서 친구와 가족과 시간을 많이 갖기를 바랐다. 꿈을 이뤘을 때 과로로 병들지 않고, 건강하고 긍정적인 자신을 상상했다. 항상 시각화 다음에는 이런 말을 잊지 않았다.

I am creating my life of dreams and total financial success in an easy relaxed manners and healthy and positive ways in its own perfect timing for the highest good of all. So be it so it is. This or something better is now manifesting in totally satisfying and harmonious ways. Thank you. Thank you.

나는 꿈과 재정적 성공을 편안하고 여유롭게, 건강하고 긍정적으로 모든 사람의 선을 위해 이루어가고 있다. 정말 그리된다. 이것처럼 되는 것도 좋지만, 이보다 더 좋은 것이 완전히 만족스럽고 조화롭게 지금 나타나고 있다.

이 확언을 백만장자가 되고 싶다면 자신의 이름으로 바꾸라. 지인 중 한 명에게 이 확언을 가르쳐주니 진짜 돈을 많이 버는 걸 봤다. 효과가 있다고 생각하는 확언을 아주 적극적으로 따라하자. 성공한 사람들의 습관을 따라하는 것이 세상에서 가장 쉬운 성공법이다. 그러나 하다가 의심하면서 한 번 하고 마는 사람들이 많다. 그러나 될 때까지 해보는 사람은 정말 큰 부를 얻을 것이다.

1분 명상

시각화에 '편안하고 여유롭게 건강하고 긍정적으로'라는 확언을 쓴다.

85
마음속에 그림으로 그리듯이 생생하게 글을 써라

"가난하게 태어난 것은 내 잘못이 아니지만 가난하게 죽는 것은 내 잘못이다."

이 문장은 생생한 그림이 그려지는가. 문장도 알아보기 쉽고, 이미지가 생생히 그려진다. 빌 게이츠가 한 말이 어떻게 보면 그의 신조가 되었을 것이다. 태어난 것을 어찌 돌이킬 수 없지만, 세상천지에 부자가 되는 방법과 책과 세미나와 유튜브와 스승과 공부거리가 가득한데 만약 가난하게 죽는 것은 스스로 선택하지 않은 행동의 대가다.

마음에 부를 생생히 그려서 글을 쓰는 것도 시각화에 좋은 방법이다. 잠재의식은 뭔가 물질로 꾹꾹 눌러서 손으로 쓴 것은 잘 기억한다. 화가들이 그림을 세세히 그려 현실에 아름다움을 창조하듯, 글로 쉽게 시각화를 할 수 있다. 마치 화가가 화폭에다 그림을 그리듯 바라는 것을 명확한 단어로 글을 써보자.

부자가 되는 것이 목표라면 지금 당장 여러분은 부자다. 일단 일어나서 글을 읽을 수 있다는 건 생명이 살아있다는 것이다. 그러면 세상에 지금 숨을 못 쉬어서 죽어가는 사람들이 많으니 큰 부자로 인식한다. 이런 식으로 부의 기준이 모호할 때는 무엇을 잠재의식에 요청하는지 모른다. 앞에서 말했듯이 잠재의식은 추론의 기능이 없다. 우리 집에 쌀이 없으면 마트나 슈퍼에 전화를 걸어 쌀 10kg, 혹은 20kg을 주문해야 할 것 아닌가.

부자라면 얼마를 얻었을 때 부자가 된 것인가. 빌 게이츠 정도로 부를 얻어야 부자라 할 것인가. 잠재의식에 빌 게이츠처럼 부자가 되고자 하는 사람들은 이미 그처럼 일할 것이다. 빌 게이츠는 1분 단위로 일정이 짜여 있다. 그렇게 살고 싶은가. 뭔가 목적이 있다면 그렇게 살아도 좋다.

이상적인 부자의 모습이 어떤 것인지 생생하게 종이 위에 적어야 한다. 예를 들어 '2022년 12월 22일까지 자산을 두 배로 늘리고 연봉을 (   ) 받겠다.' 혹은 '사업소득이 얼마가 되겠다'로 정해야 한다. 그리고 몇 년 내에 얼마를 벌겠다는 구체적인 목표가 있어야 그 정도를 잠재의식에서 명령받아 실행한다. 이때 중요한 것은 자신이 진짜로 진실이라고 믿어야 하는 액수이다. 행동할 생각도 없이 큰 목표만 잡는다면 그것은 망상이다. 자신이 못 믿는다. 믿지 않으니 행동도 안 따라온다.

이사하고 싶다면, 혹은 집을 짓고 싶다면 아름다운 집은 어떤 집인지 견본 주택도 가보고 인터넷에서 사진을 찾아보라. 진실로 믿는 것은 현실에 배달된다는 말로 표현하는 것이 좋을 것이다. 우주에 주문을 넣으면 배달이 오는 것처럼 명확하다. 만약 자장면이 먹고 싶은데 짬뽕을 주문하면, 다시 취소하고 짬뽕을 입력하면 된다. 이리 간단한 잠재의식의 배달 방법은 많은 사람이 지금 안 보인다고 안 한다. 마음에 심은 이미지는 반드시 현실에 나타난다. 이것은 잠재의식의 법칙이다.

빈곤 가난 이 모든 상태는 돈과 기회를 박탈당한 자신 모습을 이미지로 항상 그렸기 때문이다. 이제는 여러분은 풍요로 RAS에다 입력하자.

1분 명상

잠재의식에 풍요의 이미지를 생생하게 그림 그리듯 글로 써보자.

86
시각화를 생생하게 하고 싶다면 10대 뉴스를 그린다

상상이란 재미있고 즐겁고 기쁘게 해야 잘 이루어진다. 지금 뭘 하고 싶은지도 모르는데 막연히 상상만 하면 배가 어디로 갈지 모를 일이다. 되도록 현실에 없는 것도 재미나게 상상하면 이루어질 가능성이 크다. 감정이 가볍고 즐거울 때 몸이나 마음에 어떠한 긴장이나 부정적인 에너지가 없을 때 창조가 잘 일어난다.

일단 상상을 재미있는 게임이나 놀이라고 생각해보자. 만약 지금 자신의 위치에서 스스로 평가하지 말고, 1년 후에 자신이 뉴스에 나온다고 상상하라. 원하는 것이 다 이루어져서 뉴스 앵커가 자신을 소개한다. 그러면 10가지 정도로 앵커가 지금의 상황에서

1년 후에 어떤 식으로 자신을 평가하고 소개하겠는가. 지금 이 자리에서 3분 안에 적어본다.

의식이 들어가서 머뭇거리면 그건 직감이 아닌 경우가 많으니 되도록 빨리 적는다는 것이 규칙이다.

작가님, 사장님, 혹은 되고 싶은 상태의 호칭을 괄호 안에 넣는다.

1. (　　　　　)는 ＿＿＿＿＿＿＿＿＿＿＿＿＿＿＿＿＿
＿＿＿＿＿＿＿＿＿＿＿＿＿＿＿한 분이십니다.

2. (　　　　　)는 ＿＿＿＿＿＿＿＿＿＿＿＿＿＿라는 놀라운 일을 하셨네요. 그 비결은 무엇입니까?

3. (　　　　　)의 ＿＿＿＿＿＿＿＿＿＿＿＿＿실적을 내셔서 사회에 큰 영향력을 끼치셨죠?

4. (　　　　　)의 ＿＿＿＿＿＿＿＿＿＿＿＿＿＿의 놀라운 기적을 지금 보시겠습니다.

5. (　　　　　)은 ＿＿＿＿＿＿＿＿＿＿와의 인터뷰에서 이렇

게 말씀하셨죠.

6. (   )의 _____ 평소 어떤 습관이 궁금합니다. 일찍 일어나시죠?

7. (   )은 _____ 앞으로 어떻게 발전시켜 나가실 겁니까?

8. (   )은 _____ 앞으로 후대에 어떤 사람으로 남길 바라나요?

9. (   ), 시청자분들께 꿈을 이루기 위해서 가장 중요한 말씀 한 가지만 해주시죠!
_____ 하시면 반드시 됩니다.

10. (   )!, 끝으로 시청자분들께 한 말씀 하시죠.

2022년 ____월 ____일
편안하고 여유롭고 건강하고 긍정적인 방식으로!

미래 시각화 중에 이정표도 들어있고 결과물, 목표, 자기 평가, 미래 체험하는 자신의 이미지를 재미로 한번 적어본다. 그리고 여기에는 반드시 날짜를 적어둔다. 1년 후에 이 책을 다 펼쳐보자. 어떤 기적이 일어날지 안 봐도 가슴이 설렌다. 여기 빈칸을 적다 보면 여러분이 사회에 어떤 이바지하고 싶은지 생생히 떠올리게 된다. 평소 책을 읽는다는 것은 누군가에게 도움이 되는 삶을 살고 싶어서다.

그러니 아직 일어나지 않은 미래를 지금 체험하는 의미에서 쓰지만, 강력하다. RAS가 어떤 식으로든 여러분을 10대 뉴스에 적은 곳으로 재미있게 데려갈 것이다. 건강하고 긍정적으로 완벽히 만족한 상태로 조화롭고, 편안하고, 즐겁고 기쁘게 가슴 설레는 삶을 살도록 여러분의 목표가 미래에서 지금의 현재를 창조할 것이니 실험 삼아 해보자.

1분 명상
가슴 설레는 10대 뉴스를 작성하자.

87
너무 걱정하지 말고 그저 상상하라

"걱정할 거면 앞으로 딱 두 가지만 걱정하라. 지금 아픈가? 안 아픈가? 안 아프면 걱정하지 말고 아프면 딱 두 가지만 걱정하라. 나을 병인가? 안 나을 병인가? 나을 병이면 걱정하지 말고, 안 나을 병이면 두 가지만 걱정해라. 죽을병인가? 안 죽을병인가? 안 죽을병이면 걱정하지 말고, 죽을병이면 딱 두 가지만 걱정해라. 천국에 갈 거 같은가 지옥에 갈 거 같으냐? 천국에 갈 거 같으면 걱정하지 말고, 지옥에 갈 거 같으면 지옥에 갈 사람이 무슨 걱정이냐?" -성철 스님-

이 말을 곰곰이 새겨보자. 진리다. 여러분은 지금 걱정할 게 아무것도 없다. 살아서 숨을 쉬고, 책을 읽는다는 것은 큰 축복이다. 물론 아파서 잠시 쉬면서 책을 읽을 수도 있다. 그러나 그 아픔은 언젠가는 낫는다. 시간이 다 지나면 좋아지는 게 질병이다. 우리는 수많은 일을 하면서 산다. 현대인들은 지금 여기에서 있는 그대로의 삶을 즐기지 못하고 미래를 걱정한다. 걱정하는 에너지는 상상을 방해한다. 두려움이 가득하면 상상은 온통 두려움으로 가득할 것이다.

여러분은 잘 알고 있다. 지금까지 잘 해왔고, 앞으로도 잘할 것이고, 지금도 잘하고 있음을. 지금 어떤 고민이나 걱정거리가 있다고 해도 앞의 성철 스님의 하신 말씀처럼, 그것이 죽을병이 아닌 이상 걱정할 것이 없다. 소중한 시간을 걱정으로 다 보내지 말자. 오직 원하는 상태, 자신의 목표가 이루어진 상태를 상상하는 것이 건강에도 이롭다. 만약 걱정하고자 한다면 걱정할 시간을 정해 놓고, 걱정하자. 나머지 시간에는 행복한 꿈을 상상하는 것이 좋다.

《리얼리티 트랜서핑》의 저자 바딤 젤란드도 일어나는 일에 대해서 부정적인 생각을 하는 것은 원하는 현실로 이동하지 못한다고 했다. 자꾸만 멀어지는 꿈과 현실의 차이를 더 크게 키우지 말고, 바로 행복한 상상으로 돌린다. 수련이 필요하고 시간이 필요하다. 걱정할 때마다 성철스님의 말씀을 떠올리는 것도 도움이 될 것이다. 잠재의식에 결국 깨달음에 이르는 법문을 통해 걱정을 버리는 경지에 도달할 수도 있다.

성공하는 기업가나 큰일을 하는 CEO들은 수첩에 항상 일정이 가득 차 있다. 이들은 걱정할 시간을 못 낸다. 항상 해야 할 일이 아니라 마감 시간을 설정해서 걱정이 잠재의식에 들어오지 않도록 막는다. 그렇게 쓸데없는 에너지가 걱정으로 새는 것을 막고 오직 생산적인 상상과 일만 하니까 성공하거나 주목받는 것일 수 있다. 걱정하고자 한다면 마감 시간을 정해서 딱 1분만 걱정을 받아들여주고 나머지 시간에는 꿈을 위한 상상을 즐기자.

1분 명상
지금 하는 걱정이 꿈을 이루어줄 것 같은가?

88
잠재의식에 마감 시간을 정해서 약속을 잘 지키는 사람으로 인지시키자

꿈을 꾸는 능력이 잠재의식을 활용하는 능력이다. 한번 꿈을 꾼 후에 마감 시간을 정해 이뤄본 사람들은, 잠재의식에 자신감이 있다. 언제든지 다시 꿈을 소환하여 잘게 나눠서 아주 작은 목표로 만들면 그것은 현실이다. 된다. 꿈에 마감 시간을 정해야 목표가 된다.

한 성공한 여성 CEO가 이런 말을 했다.
"저는 목표에 숫자가 들어가지 않으면 목표라고 보지 않습니다. 만약 1년에 얼마의 돈과 고객 숫자, 달성해야 할 목표를 숫자로 종이에 적고, 그것을 12달로 나누고, 1주일 단위로 나누고 하루 단위로 나눗셈해서 나온 것을 매일 실행하지 않으면 1년에 이룰 목표가 흐지부지될 때가 많습니다."

새해 계획을 세운 후에 바로 2주 후에는 흐지부지되는 경우가 많다. 잠재의식에 하루에 무엇을 해야 하는지 할당량과 마감 시간을 주지 않으면 무작정 시간을 길게 늘어뜨려 언제까지 도달해야 하는지를 모른다.

아주대 이민규 명예 교수는 《실행이 답이다》라는 책에서 사람들에게 무작정 시간을 많이 주는 것보다 마감 시간을 줄 때 성과가 더 많이 난다고 했다. 교수들도 마찬가지라고 한다. 연구를 위해 시간을 많이 주면 좀 더 질 높은 결과가 나올 것 같지만, 아니라고 한다. 교수들도 마감 시간에 맞춰 미뤄놨다가 마감 시간 즈음에 움직인다고 한다. 의지력이 없거나 의욕이 충만하지 않아도 마감 시간이 있으면 RAS가 작동하기 때문에 목표를 향해 꾸준히 전진하여 결과를 만들어 낸다.

마감 시간(deadline)이란 말은 1864년 남북전쟁이 일어났을 때 포로수용소에서 쓰는 말이었다. 감옥에서 20피트 전방에 선을 넘으면 죽는다는 한계선을 설정하고 그 선을 넘는 수감자는 언제든 총살한다고 명령한 데서 유래했다. 우리의 잠재의식도 언제까지 목표를 이루지 않으면 죽을지도 모른다는 정도의 긍정적 압력을 주면 반드시 해내게 된다. 공개선언 효과란 것도 마찬가지다. 자신이 잘 보여야 하는 사람에게 중간 목표를 향해 행동하겠다고 공개 선언 하면, 목표를 달성할 가능성이 커진다.

40년을 늦잠 자던 사람도 여자친구가 생겨서, 그녀가 조깅하러 가자고 아침에 일찍 깨우면 벌떡 일어난다. 마감 시간이 생긴 것이다. 새벽에 일어나 달리기하기 위해선 씻고 나가야 하는 시간까지 계산하면 일찍 일어나는 것이 이미 RAS에서 아침은 설레고 기대되는 것으로 작동하기 시작한다.

목적지에 도착하기 위해선 과정이 필요하다. 과정에서 마감 시간을 정해서 잘게 목표를 나누어 작은 성공을 하나씩 쌓다 보면 성공의 사다리는 포기하지 않는 한 잠재의식이 데려다줄 것이다.

1분 명상
데드라인을 정해서 시작은 작게, 끝은 창대하도록 작은 성공을 쌓아라.

89
조용히 마음으로 들어가는 시간을 물가에서 가진다

잠재의식은 정적을 좋아한다. 잠재의식과 연결되는 방법은 조용히 하는 것이다. 모든 종교의식에는 묵언 수행, 침묵, 묵상, 큐티, 명상, 기도 시간이 있다. 잠재의식이 이 조용한 틈을 타서 나타나기 때문이다.

파동이 고요해진 자리에 창의력이 샘솟는다. 머릿속이 복잡하거나 문제에 대한 해답이 안 떠오를 때 사람들은 본능적으로 물을 찾는다. 물에서 나오는 파동은 공기 중이나 냉난방 시설, 전자파 등에서 양기가 나오는 것을 막아준다. 물은 음이온이기 때문에 물 주변에 가면 아주 고요하다. 아침에 일어나서 고요히 물로 얼굴에 잠이 덜 깬 피부를 접촉하면 금방 잠재의식이 깨어난다.

기원전 아르키메데스 수학자는 대중목욕탕에서 평온한 상태에서 문제를 가지고 씨름하던 것에 대한 답을 찾았다. 그때 너무 기쁜 나머지 알몸으로 나와서 "유레카"를 외쳤다고 해서 기원전 3세기에 이미 '물은 답은 알고 있다'라는 것을 창의적으로 왕관의 금의 순도를 알아냈다. 물속에서 편안히 모든 생각을 내려놓고 고요하게 있을 때 잠재의식은 수면 위로 올라왔다.

잠재의식은 마감 시간을 정해도, 고요하게 마음을 잠시 가라앉히고 다 내려놓고 한숨 돌리는 사이에 답을 준다. 호숫가에서 얼마나 많은 위대한 철학자와 사상가들이 태어났던가. 새벽에 샤워하면서 영감을 많이 얻은 정주영 회장과 아인슈타인처럼 창의성과 천재적인 아이디어들은 물과 고요, 조용히 몸을 이완하고 휴식할 때 찾아온다. 필자도 운동하고 땀을 흘리고 물로 씻을 때 아이디어들이 많이 나와 바로 휴대폰 메모장에다 기록해둔다.

항상 잠재의식은 언제든지 고요한 틈을 타서 암시를 주니, 민감하게 듣고 있다가 답이 나오면 기록하고 행동해보자. 생각지도 못한 좋은 결과들이 생길 것이다. 직감이라고 하기도 하고 영감이라고도 하는 것은 동시성을 발생시켜 어떤 일들을 끌어올지 모른다. 그것은 의식 차원에서 나오는 것보다 잠재의식에서 나오는 것이니 따르는 게 좋다.

흐르는 물에 자주 가서 사색해보라. 그리고 답을 달라고 계속 질문해보라. 창의력이 솟아나서 "아하, 유레카"를 외칠 것이다. 물이 맑고 기적의 젖줄인 한강이 있는 우리나라에서 창의적인 아이디어를 가진 인재들이 많은 것을 보면 우연은 아니다. 모두 잠재의식이 잘 개발된 필연적으로 발전할 수밖에 없는 나라다. 실학자 정약용도 북한강의 물 좋은 곳에서 실학을 연구했고, 4대강 유역에서 깨달은 큰스님들이 많이 나오신 것을 보면 참으로 묘하다.

1분 명상
잠재의식을 개발하고 싶다면 자주 물가로 가라.

90
잠을
푹 자야 한다

　잠을 푹 자야 잠재의식이 올바른 해답을 준다. 수면 중에는 수많은 정보가 정리되어 아침에 일어났을 때 새로운 에너지를 얻어 건강하게 활동할 수 있다. 잠을 잘 때에도 60조 개의 세포는 치유와 몸의 회복을 위해 부단히 움직인다. 그러나 의식은 정지하고 오직 잠재의식은 활동하여 해답을 꿈에서 얻을 수 있다.

　자기 전에는 반드시 잠재의식에 해답을 달라고 복잡하고 해결이 안 되는 문제는 종이 위에 적어두고 푹 잔다. 잠을 잘 때에는 영혼이 육체를 빠져나와서 객관적으로 관찰자의 처지에서 문제를 본다. 잠재의식의 예지와 깊은 통찰을 얻을 수 있는 것이 잠이다.

편안한 잠을 자고 나면 마치 신을 만난 듯한 느낌으로 일어나 기분 좋게 생활한다. 자기 전에는 불평거리를 들고 절대로 잠자리에 들어서는 안 된다. 반드시 안 좋은 감정은 털고 스스로 토닥이면서 잠자리에 든다. 다 내려놓고 명상하고 잠자리에 들어보는 습관을 들이자. 최면과학에선 내담자들을 거의 수면 상태에 두고 잠재의식의 답을 듣기 위해 최면을 건다. 거의 수면 상태엔 잠재의식이 잘 움직이기 때문이다.

기도도 수면의 한 형태다. 조용히 눈을 감고 진실한 요청을 하는 것이 잠재의식의 답을 받는 길이다. 수면도 기도다. 자면서 고민이 되는 것들을 그냥 놔두고 일어나면 의외로 쉽게 풀리는 경우가 많다. 정주영 회장님은 항상 새벽 3시에 일어났기 때문에 낮잠을 자는 습관이 있었다.

고요할 때 잠재의식에서 수많은 아이디어를 얻을 수 있다. 전쟁터의 장군들도 전쟁 중에도 반드시 고요한 시간을 가졌다. 대기업 경영자나 CEO들은 조용한 시간과 종교적인 기도의 시간을 가진다. 잠재의식에 접속하는 시간을 어떻게든 마련한다.

수면은 외부 세계의 소음을 차단하고 내면으로 들어가는 시간이다. 마음과 접속할 수 있으므로 이 시간은 아주 소중히 대해야 한다. 자기 전 30분은 반드시 온종일 있었던 일을 떠올리고 감사하는 시간과 반성하는 시간을 가진다. 그리고 잠에서 깬 후에는 잠재의식이 경계에서 의식과 왔다 갔다 하므로, 이때엔 고요하게 명상하는 것이 좋다. 어떤 생각이 떠오르면 반드시 종이에 적어두자. 그것이 신의 소리일 수도 있다.

> **1분 명상**
> 잠은 잠재의식과 교류할 수 있는 아주 최적의 시간이다.

91
잠재의식은
감사하는 사람을 좋아한다

인생을 위대하게 하고, 지금, 이 순간 만족하게 하고, 원하는 대로 이루어지게 하는 비밀이 감사하기다.

《시크릿》의 저자 론다 번은 이 세상에서 가장 성공한 사람들과 위대한 비밀을 발견한 사람들을 찾아 직접 인터뷰하면서 가장 중요한 비밀이 감사하기에 있단 걸 발견했다.

우울했고, 재산이 바닥나서 영화 촬영 비용도 없었고, 아버지가 돌아가시고 여러 가지 힘든 상황에서 대가들이 하라는 감사하기를 통해 원하는 그 모든 것을 얻었다. 그녀는 보통 사람들이 얻지 못한 큼직한 것들을 얻었다. 경제적 풍요, 마음의 평화, 많은 사람들의 존경, 세상에 큰 기여, 헌신 등을 얻었다. 보통 사람들은 이런 것들을 원하지만 실천하지 않기 때문에 이루지 못하는 경향이 있다. 그녀는 항상 인터뷰에서 어떤 상황이 일어나도 감사하는 습관 덕분에 모든 것을 이뤘다고 이야기한다. 긍정과 감사 실천을 리얼리티 트렌서핑, 러시아 시크릿 열풍을 몰고온 바딤 젤란드처럼 꼽았다.

나의 스승 루이스 헤이도 평생 긍정과 감사를 자신의 부와 풍요와 행복과 세상에 기여와 헌신을 하는 데 가장 중요한 핵심 가치로 뽑았다. 필자도 그녀가 하라는 대로 실천한 결과, 무슨 상황이 와도 감사하고 긍정하게 되는 마음의 평안을 얻었다. 그러면 왜 이렇게 인류의 스승, 예수님도 그렇고, 부처님도 그렇고 감사를 하라고 했을까?

뇌 과학자들은 감사할 때 신경이 매우 활발히 움직인다고 밝혔다. 뉴런 신경 세포가 새로운 세포를 만나서 연결이 되고 활성화된다고 한다. 뇌를 연구하는 사람들은 긍정적인 정서와 감사함을 느끼고 말로 감사하면 엔도르핀과 세로토닌 호르몬이 뿜어져 나온다고 말한다. 감사의 대상에게 눈을 보며 감사의 느낌을 전하는 것이 좋지만, 어떤 식으로든지 감사를 표현하는 사람들은 그렇지 않은 사람들보다 불가사의한 힘이 나온다. 감사를 표현하면 무려 '수억만 배의 힘을 더 발휘할 수 있다'고 한다. 그러므로 가족 간에 특히 부부간에 감사 표현하기 습관은 필수다.

감사할 조건이 많은 데도 감사하기가 없는 인생은 어둡다. 태양이 어두운 새벽을 비추면 환해지듯이, 항상 불평만 하던 사람들도 감사하기의 힘을 알게 되어 밝은 빛인 감사를 알게 되면 감사할 조건이 적은 상황에서도 감사하게 된다. 어두운 인생에서 밝은 인생으로 나아가는 비밀이 지금, 이 순간에 감사하기다.

끌어당김이나 잠재의식 전문가들은 항상 감사를 강조한다. 미친 듯이 감사하는 그들은 감사하는 사람은 이미 마음이 만족하고 행복하고 평온하여서 모든 것이 원만하게 갖춰진 세상에서 살게 된다. 그런 사람들에게 행운이 다가가고 정신의 행복이 오는 것은 당연하다.

구름 속에 비가 숨어 있고, 햇빛 속에는 언제나 그림자가 숨어 있다. 편안함 속에는 지루함도 숨어 있고, 칭찬 속에는 질투가 숨어 있고, 사랑 속에는 미움도 숨어 있다. 그러나 감사 속에는 감사함만 숨어 있다. 미친 듯이 감사해야 하는 이유가 이것이다. 감사하기는 어떤 에너지의 걸림도 없이 완벽한 상태다. 잠재의식이 이런 감사를 비밀로 주었으면 적극적으로 활용하도록 한다. 우리는 감사하기를 선택할 수 있다.

> **1분 명상**
> 지금 당장 눈을 감고, 지금 가장 감사한 점은 무엇인지 질문한다.

92
잠재의식을 활성화할 수 있는 가장 좋은 시각화 방법

잠재의식은 좋고, 나쁨의 판단 없이 진실이라고 믿는 것을 그대로 현실에 나타나게 한다. 우리의 근원은 기분이 좋고, 감사가 충만하고, 기쁘고 긍정적일 때에는 모든 일이 저절로 일어난다. 반대로 기분이 안 좋고, 불평만 가득하고, 불행하다 느끼고, 계속 누군가 괴롭힌다고 느끼면 그것은 근원에서 떨어져 잠재의식은 계속해서 진동을 바꾸지 않는 한 그런 상태를 그대로 가져다줄 것이다.

기분이 좋은 상태를 만드는 것이 그 자리에서 감사하는 것이고, 좀 더 구체적으로는 잠재의식이 가장 활성화되게 하는 잠들기 전에 시각화를 꼭 하고 자는 것이다. 잠들 전에 의식을 그대로 잠으로 가져가서 꿈을 꾸게 만드니 반드시 이 시각화는 잠자기 전 의식으로 정하고 매일 짧게라도 한다.

오늘 밤 잠을 잘 준비할 때 종이와 펜을 하나 들고 이불에 누워 보자. 오른쪽 다리를 왼쪽 정강이에 대고 요가의 비둘기 자세를 취하면서 엎드려서 오늘 있었던 일 중에서 가장 행복하고 기분 좋았던 일을 떠올린다. 오른쪽 다리가 뻐근해지면 왼쪽도 요가의 비둘기 자세를 취해서 펜과 노트에다 계속 적는다. 이렇게 되면 하루 동안 하체에 중심이 간 것을 혈을 위로 돌려서 몸을 이완하게 하는 요가 동작을 운동한 후에 잔다는 잠재의식의 좋은 습관을 들이게 된다.

요가 동작을 잘 모르겠으면, 유튜브에서 비둘기 자세 요가를 검색해서 1분 정도 그 자세가 어떤 것인지 보도록 한다. 이렇게 자기 전에 스트레칭을 하는 습관과 요가를 하는 습관은 잠재의식의 이완 단계와 명상의 효과가 있다. 모든 일을 마치고 침대나 이불에 누워있는 편안함을 떠올린다. 몸이 편안하게 휴식을 취하는 기분 좋은 느낌을 30초라도 느낀다.

그리고 오늘 하루 기분 좋았던 그 일에 대해서 진심으로 감사한 감정을 느낀다. 그런 다음에 다음과 같은 말을 하고 편안하게 잠이 든다. "나는 이 상태가 너무 좋아. 이 침대가 너무 좋아. 내 인생은 더할 나위 없이 좋아. 평화로워. 안전해. 나는 지금 멋진 삶을 누리는 중이야." 이렇게 기분 좋은 감정을 느끼면서 스르르 잠든다.

그리고 잠재의식에 해답을 받기 위해선 다음과 같은 확언으로 답을 요청하자.

I am a magnet to all that I desire.
(나는 내가 바라는 모든 것을 끌어당기는 자석이다.)

Tomorrow amazing miracles are manifesting.
(내일 놀라운 기적이 나타날 것이다.)

ANSWER(잠재의식의 해답)

_____
_____
_____
_____
_____ .

아침에 일어나서 바로 떠 오르는 걸 적는다.

1분 명상
잠재의식에 기분 좋은 감정 느끼기를 자기 전 루틴으로 삼도록 한다.

93
잠재의식에 요청하고
소망이 실현되기 전까지는 침묵한다

잠재의식에서 어떤 해답이 나와서 간절히 원하는 것이 생겼다. 그런 다음에는 그 소망을 어떻게 이룰 것인가는 이 방법을 꼭 지켜보자. 다른 사람들이나 다른 책에서 무슨 말을 했든지 반드시 이 3가지 방법만 따르면 여러분은 바라는 것을 아주 수월하게 얻을 수 있다.

시스템이라서 예외가 있을 수 없다. 모든 사람에게 탑재된 잠재의식의 힘을 빌리는 소원 성취 방법이다.

1. 자신이 바라는 것을 적은 학습 카드 꿈의 리스트를 아침, 점심, 저녁

일정한 시간에 읽는다.

2. 꿈을 적은 목록을 자주 생각할 수 있도록 자주 가는 장소에 붙여두거나 들고 다닌다. 상징물을 놓거나 원하는 것의 크기가 너무 크면 암호로 저장한다. 어떤 식으로든 자신의 주변을 원하는 것으로 채운다.

3. 아무에게도 이 계획을 이야기해서는 안 된다. 이것은 절대 비밀 기도다. 아무에게도 말하지 말고, 오직 자기 내면에 있는 잠재의식의 전지전능한 힘에만 말하라. 잠재의식과 대화하라. 그 잠재의식이 부처님, 예수님, 태양님, 신성 등 어떤 말로든 자신이 편안하게 부를 수 있는 대상으로 불러도 좋다. 왕자님, 브라우니, 신이시여, 존귀하신 분이시여, 혹은 아브라함, 관세음보살 등 자신이 믿고 있는 절대자의 이름을 불러도 좋다.

오직 자신의 마음속에 나의 모든 것을 알고 있는 무한 지성의 위대한 능력에만 이야기한다. 이 주관적 의식이 터무니없어 보여도 이 세상에는 기적이란 것이 늘 일상 일어나고 누군가는 지금 자신이 원하는 간절한 소망을 이루고 살지 않는가. 그들도 이 성취의 3가지 규칙을 철저히 지켰다. 성공한 사람들은 이렇게 성취의 규칙을 지켜서 성공한 후 20~30년 후에 나와서 이야기하고 강연한다. 그전에는 절대 자신 성공의 비밀을 알려주지 않는다. 왜냐하면 잠재의식이 다른 사람들에게 말을 해버리면 에너지를 다 날려버리기 때문이다. 이미 우주에는 수많은 가능성이 있어서 잠재의식이 찾고 있는데, 그것을 질투가 많은 사람, 부정적인 사람들, 가족, 친구들, 의식의 차이가 나서 자신들 보다 더 성장하는 걸 원하지 않는 사람들이 방해하면 잠재의식은 그 즉시 활동을 멈춘다. 이 원리는 아무도 가르쳐주지 않는 성공의 비밀이다.

진정으로 바라는 것이 있다면 그리고 그 꿈이 너무나도 크다면 인간의 힘으로 알 수 없는 잠재의식의 힘을 빌리자. 그리고 이룰 방법은 이 3가지 성취의 비밀을 이룰 때까지 알려주지 않는다. 확언의 대가 루이스 헤이도 이런 말을 했다. 확언할 때 누군가에게 "이 방법이 좋아서 좀 해 봐"라고 권하지 말라고 했다. 만약 "이런 말을 한다고 이루어지면 누구나 다 성공하겠네"라는 말을 듣는다면 그 즉시 잠재의식은 방해받아 이루어주다가도 놔버린다. 오직 잠재의식하고만 대화한다.

1분 명상
성취의 3가지 규칙을 기억하라.

94
백만장자가 목표라면 다음의 확언을 아침, 점심, 저녁으로 녹음하라

· 신성한 물질과 정신은 내 손을 떠날 수 없다.
· 아무도 나의 신성한 물질을 빼앗을 수 없다.
· 나는 부자이며 우주의 찬란한 물질이다.
· 나는 물질의 주인이며 생각과 말, 물질을 통해 지배한다.
· 신성한 물질은 모든 것을 소유하며, 신성한 물질은 나의 삶과 금전적인 문제에 풍요를 가져다준다.
· 나는 신성한 물질로 이루어진 완벽한 창조물인 이 세상을 찬양한다.
· 지금보다 훨씬 더 많은 소득이 들어오는 것을 내 눈으로 볼 것이다.

· 나는 강력한 우주의 물질을 내 삶으로 초청해 나에게 무한한 부를 쏟아붓도록 만든다.
· 나는 건강과 부 그리고 행복이라는 백만장자의 권리를 가질 수 있다.

물의 근원은 에너지다. 쪼개고 또 쪼개도 양자역학에서는 물질의 최소 단위인 미립자밖에 안 나온다고 한다. 이 파동은 물질뿐만 아니라 정신의 근원이다. 이 에너지를 자신이 바라는 물질로 생생하게 그려서 정신에 입력한다.

물질계에 나타나도록 소리 파동, 즉 에너지로 보내면 파동이 우주의 모든 정보 중에 소리의 파동에 맞는 것을 일치시킨다. 그때 파동이 정확히 들어맞을 때 반드시 나타난다. 사업가들에게 존경받는 《돈의 속성》 김승호 회장도 부자가 되려면, 돈의 수각(水閣) 크기를 키우라고 한다. 돈을 지킬 그릇이 되어야 부자가 된다. 김승호 회장도 확언할 때 "나는 우주 대의 크기다"라고 항상 말씀하신다.

크게 될 그릇은 날이 갈수록 그릇 안에 들어가는 인성과 지식과 지혜가 더 커진다. 그릇의 크기가 하늘 만큼이기에 대기만성(大器晚成)이라는 사자성어가 있는데 이는 파동의 원리를 뜻한다. 작은 그릇이 파동이 모여서 커지면 에너지 덩어리가 뭉쳐서 거대한 에너지 장을 형성한다. 그러면 크게 될 수밖에 없는데 질량 보존의 법칙과 에너지 보존의 법칙이 작용한다. 물리학적인 상식을 몰라도 그렇게 될 수밖에 없다는 것을 많은 사람은 본능적으로 안다.

매일 하면 잠재의식이 바뀌는데 안 하는 이유는 내면에 '부자가 될 자격이 없어'라는 부정적인 생각과 '충분하지 않다'라는 결핍의 생각이 있기 때문이다. 이를 긍정과 감사로 자꾸 바꾸면 변화된다.

위의 확언 같은 긍정의 말을 매일 아침, 점심, 저녁 하루 3번 반복하면, 그때는 시간이 걸리더라도 반드시 파동이 맞아떨어질 때 온다. 모든 존재가 지수화풍으로 되어가고 있는 존재이기에 미립자의 파동과 고유의 공존과 공생으로 다 조화를 이루고 산다. 자신이 바라는 물질의 세계와 꿈의 세계의 파동이 조화를 이루면 반드시 현실 세계에서 주파수가 맞아서 떨어지는 순간, 꿈이 나타난다.

지금 안 오는 이유는 부자가 된 자신 모습과 지금의 파동이 완벽한 조화를 이루지 않기 때문이다. 그러나 확언하다 보면 반드시 오는 때를 알게 될 것이다.

1분 명상

백만장자가 목표라면 아침, 점심, 저녁으로 긍정 확언을 녹음한다.

95
생각과 창조의 힘은 무한하다는 걸 믿어라

생각도 무한하고 창조도 무한히 진행된다. 그중에서 여러분은 잠재의식에 오직 원하는 것만 상상하고 그려야 한다. 생각이 모든 것을 만든다. 불교에서는 한 생각 탁 돌리면 그곳이 바로 깨달음의 자리라고 할 정도로 중요하다. 생각이 중요하다는 것을 알면서 때론 두려움과 걱정, 실망을 꽉 움켜쥐고 내려놓지 않는다.

마음속을 채우고 있는 생각이 두려움, 죄책감, 열등감, 불만, 불평, 불안, 불길한 예감, 비난, 비판 등이라면 지금 당장 없애야 한다. 과감히 버리자. 여러 가지 생각 없애기 방법이 있는데, 그중에서 호흡을 의식적으로 알아차리는 명상이 도움 된다. 유튜브에 필자의 호흡 명상이 많이 녹음되어 있으니 부정적인 생각이 올라올 때 마음이 바라지 않는 것을 창조하는 걸 막기 위해서 호흡하기를 바란다.

몸과 마음의 에너지 수준을 높여야 잠재의식이 잘 작동해서 원하는 걸 이루어준다. 만약 마음의 힘을 키워주는 자유에너지인 호흡이 제대로 정상으로 작동이 안 되면 삶에 부조화가 생길 것이다. 원래대로 음과 양의 에너지가 균형을 맞추기 위해선 호흡법을 익히자. 세상에서 일어나는 모든 일을 있는 그대로 바라보는 열린 의식이 필요하다. 생각도 무한하고 창조도 무한한데 조그만 틀 안에 갇혀서 그것이 전부인 양 믿지 말라. 생각은 무한하고, 창조도 무한하다.

죄책감, 열등감, 의심, 질투, 잉여 에너지(중요성이 너무 강해서 생기는 펜듈럼), 미루기 등은 에너지를 약하게 만든다. 어딘가에서 새고 있는 잠재의식의 에너지를 끌어올리기 위해서 이렇게 어떤 일이 있을 때마다 긍정 확언하자.

"나는 강하고 튼튼하고, 온전하고 완전하고, 완벽하며 정답고 조화로우며 행복하다."라고 해서 창조가 다른 방향으로 가지 않게 에너지를 올린다.

"나는 내가 내 몸을 조종해서 움직이듯 현실을 조종해서 창조한다."

"나는 이 세상의 작은 부분이 되어 그 속으로 녹아들어 간다."

"나는 정확한 목표를 향해 나아간다."

"모든 것이 잘 풀린다."

지금, 이 순간 어떤 것을 창조하는지 스스로 생각을 관찰해야 한다. 제삼자가 나를 관찰하고 있다고 생각하고 지금의 생각이 미래에 어떤 경험을 창조할 것인지, 스스로 부정적인 생각으로 창조를 제한하고 있는지, 아니면 확장하여 원하는 바를 창조하고 있는지 오직 의도를 선언하자. 순간 마디마다 어떤 것을 의도하고 삶을 살고 있는지 의식하고 알아채야 한다. 주어진 현실을 있는 그대로 받아들이는 연습을 하고 생각과 창조는 무한하니 원하는 것으로 바꿔서 새롭게 창조하자.

1분 명상

이 세상에 수많은 생각들은 지금도 무한히 창조되고 있다고 믿자.

96
잠재의식은 몸으로 표출되니 운동하라

지금 나이가 20대면 근육이 적당히 유지되고 있으니 에너지가 쉽게 가라앉지 않고 항상성이 유지된다. 30대 이후와 이제 40대부터는 1년에 근육이 1%씩 감소한다. 체력이 좋지 않으면 잠재의식에 부정적인 생각이 자주 자리를 틀어서 앉는다. 그래서 뭘 하려고 해도 의욕이 안 생기고 기운이 안 생긴다는 사람들을 위한 운동을 제안한다.

잠재의식은 몸을 통해서 잘 표현된다. 지금 지쳐 있거나 힘이 들면 잠재의식이 쉬라는 증거로 하품하게 하거나 에너지를 보충하라고 음식을 먹게 한다. 모든 것을 작용하게 하는 잠재의식을 제대로 쓰려면 체력이 보충되어야 한다. 부자들은 건강을 1순위로 놓고 반드시 트레이너들에게 교습받는다. 체력이 성공의 필수요건인 것을 알기 때문이다. 웨이트 트레이닝을 하면 근육이 손실되는 것을 줄일 수 있다.

웨이트와 적절한 수면과 충분한 영양과 식단관리가 병행되면 호르몬이 자율신경계와 잘 맞아서 스트레스가 줄어든다. 잠재의식에 부정적인 생각이 들어오다가도 건강한 체력과 근육의 면역력 덕분에 어떤 일이 일어나도 강하고 튼튼하게 일을 잘 헤쳐 나갈 수 있다. 만약 지금 주변에 에너지가 정체되어 있거나 힘이 약해졌다 느낄 땐 주저 말고 근처에 헬스클럽에 가서 운동권을 끊어서 정기적으로 운동하자.

만약 근육 훈련받을 형편이 안 된다면 유튜브 영상이나 달리기 혹은 걷기 등, 마음속에 부정적인 에너지를 털어 낼 수 있는 방법을 찾아야 한다. 스트레스가 없어지는 것도 중요하지만 자율신경계와 호르몬이 균형이 잘 맞아야지만 에너지가 원활하게 돌아간다. 규칙적인 생활과 적당한 운동은 인생에서 필수조건이다. 건강해야지만 무엇이든 할 수 있는 의욕이 생긴다.

근육 운동은 근육만 성장하는 것이 아니라 잠재의식에 자존감이나 자아 긍정감에도 좋다. 운동하면서 자신이 할 수 있다는 자신감을 가지게 되고, 운동한 후 땀을 흘리고 개운한 상태와 적당한 몸의 피로는 밤에 잠을 잘 자게 만든다. 조화와 균형이 생활에서 이루어진다. 그리고 몸이 좋아지는 모습을 보면서 자존감이 높아진다. 자연히 많이 안 먹게 되고, 적당히 먹고, 푹 자고, 생활에 활력이 생겨 뭐든지 "할 수 있어." 모델로 바뀐다.

운동은 0순위로 놓자. 잠재의식을 바꿀 수 있는 가장 쉬운 방법은 일단 몸을 움직여서 마음을 행복하게 해놓고 잉여 에너지가 생기고 스트레스가 없도록 평소에 습관을 잘 관리하도록 한다.

1분 명상
나에게 맞는 운동은 뭐가 있을까?

97
행동하도록 감정과 욕구에 자극을 주자

자신이 좋아하는 일은 누가 뭐라고 안 해도 행동으로 옮긴다. 반면에 자신이 좋아하지 않는 일은 누가 시켜도 안 하려고 한다. 행동으로 잘 안 옮겨지는 이유는 생각은 대뇌피질이라는 뇌의 바깥쪽에서 일어나고 행동은 뇌의 안쪽에 있다. 안쪽에 있다는 것은 감정이나 하고자 하는 충격이나 충동이 강하게 전달되어야 행동으로 나온다는 뜻이다.

욕구와 욕망과 하고자 하는 열정과 감정이 어느 정도 크게 뇌의 안쪽에 전달되어야 행동으로 나온다. 어떤 강렬한 목표와 꿈을 발견할 때까지 찾아보자. 이때 자신이 어렸을 때부터 간절히 해보고 싶었는데 환경 때문에 못 했던 것이어도 상관없다. 취미도 괜찮다. 진정으로 좋아하는 것을 찾아 이를 목표로 꾸준히 행동한다. 하다가 만약 자신이 바라는 것과 일치하지 않으면 다른 행동으로 옮겨가면 된다.

한 가지만 꼭 지속해야 한다는 법은 없다. 오히려 이것저것 시도하다가 진정으로 좋아하는 일을 찾을 수도 있다. 일본의 큰 부자 사이토 히토리는 뭔가 조금 했다가 그만두는 것도 재능이라고 한다. 남들이 가지지 않은 큰 재능일 수도 있으니 뭐든지 행동으로 시도하는 것이 좋다. 추구하는 것이 구체적이지 않아서 하다가 싫증이 날 수도 있다. 이때는 잠재의식에 꼭 바라는 목표와 꿈을 달라고 명령해 둔다. 반복과 연습은 뇌의 새로운 신경세포들이 회로를 만들게 한다.

살아있는 모든 것은 다 행복하게 지내라고 법정 스님이 말했듯이 우리는 이 세상에 행복하기 위해 왔다. 살아있는 모든 생명체는 끊임없이 움직이면서 스스로 욕구를 충족시킨다. 욕망이란 살아있는 생명의 세포가 분열하면서 끊임없이 팽창하면서 복잡계에서 계속해서 움직이는 것을 뜻하나. 계속 움직이지 않으면 살아있을 수 없다. 이는 살아있는 한 계속해서 욕망이 생기는 걸 말한다.
어떤 사람들은 욕망을 버리라고 하는데 그러면 생명이 정체된 것과 같다. 무기력하고 삶의 물결과 함께 조화롭게 흐르는 삶이 아닌 그 날이 그날인 삶이 되면 부정적인 감정에 쉽게 물들기 쉽다. 이를 깨뜨리는 방법이 책을 읽는 것이다. 성공한 사람들, 자신이 닮고 싶은 위인들의 이야기가 책에 다 있다. 새로운 긍정적인 욕망을 책에서 찾아 행동해 보는 것이다. 인간은 죽을 때까지 성장하는 존재다. 욕망을 억누르지 말고, 적극 행동으로 옮겨서 이루는 것이 잠재의식의 무한한 가능성에 접속되어 행복하게 사는 방법이다.

오직 욕망은 억누르면 고개를 더 들어서 감정이 크게 되므로, 행동을 통해 성취하는 것만이 욕망을 잠재워서 적극적으로 행복해지자.

1분 명상
자신을 행동하게 하는 강한 긍정적인 욕망의 요소는 무엇이 있을까?

98
현재 의식을 긍정적으로 완벽히 개선하려면 훈련이 필요하다

무의식은 창조주와 교감하는 마음의 창문이다. 알라딘의 요술램프를 문지르면 요정이 나타나서 소원을 들어주듯이 우리 마음에도 요술램프인 잠재의식이 있다. 무의식과 잠재의식은 큰 차이가 없으니 모든 것을 다 가능하게 하는 무한한 지성이라고 생각하면 된다. 우리의 의식에 부정적인 생각으로 쓰레기를 이젠 청소해야 한다는 것을 이 책을 통해서 알게 되었을 것이다.

청소가 다 되면 그 깨끗한 자리에 긍정적인 생각으로 채우라. 원하는 것으로만 마음의 방을 채우자. 방이 지저분하고 너저분하면 정신이 집중을 못 한다. 제한된 신념을 버리고 확신이 생기면 그 자리에 긍정적인 생각을 계속 불어넣자. 마음속에 정리된 가구나 서랍에 오직 자신이 바라는 꿈과 목표와 욕망만 넣어둔다. 그러면 기분이 굉장히 청결하고 상쾌할 것이다.

자신의 마음의 방에 수시로 생각을 닦아 의도하는 것을 달성하겠다고 행동한다고 선언하라. 이렇게 현재의 의식이 잠재의식에 행동하겠다는 마음의 의도를 내보내면 감정이 움직여서 물질화시킬 준비를 한다. 감성적으로 기분 좋은 감정을 느끼면 신경 전달물질들이 분비되기 시작한다. 그때 잠재 에너지가 나오는 과정이 촉진될 것이다. 그러면 내부의 숨어 있던 무한 지성이 힘이 영으로 화하여 봇물 터질 듯이 움직일 것이다.

이제 영혼이 움직이기 시작하여 무의식이 활동하면 오직 원하는 것을 가지겠다고 의도하고 스스로 주기를 허락하라. 그것이 창조의 끝이다. 무의식의 강한 파동이 우주대로 뻗어나가서 이 에너지가 엄청난 외부의 환경과 조건을 끌어당겨 꿈을 실현할 것이다. 어느 순간 자신의 꿈이 배달되어 눈앞에 현실로 펼쳐진 것을 보고 어디서 많이 본 것으로 생각하여라. 그것은 모두 여러분이 긍정적인 생각으로 마음속에 심어 놓은 것들이다.

이미 꿈은 물질화된 세계에 도착해 있으니 마음을 편안하게 이완하고 하고자 하는 그 모든 것들을 적극적으로 행동으로 즐겁게 하는 것이 이 책의 목적이다. 우리가 마음을 완전히 비울 때 그 목표가 너무 간절해서 안 오면 어쩌나 라는 불안 에너지가 아닌 이미 이루어진 것을 알고 올 것을 예상하기 때문에 마음이 항상 편안한 상태가 되는 것이다.

그리고 날마다 이 말을 긍정 확언을 거울에 써 붙이고 읽어보자.

"내가 살아가는 무한한 삶의 속에서 모든 것은 완벽하고, 온전하며 완전하다. 인생은 끊임없이 변화한다. 나도 매 순간 변화한다. 내가 원하는 것을 이루기 위해 이제는 긍정적으로 생각한다. 새로운 사고방식이 나에게 새로운 세상을 열어 준다. 새 씨앗을 심는 것은 기쁜 일이다. 이 씨앗이 나에게 새로운 경험을 가져다줄 것을 알기에 기쁘다. 나의 세상에서 모든 것은 다 잘될 것이다. 나는 안전하다."

1분 명상
마음을 청소한 후 그 자리에 긍정적인 생각으로 새롭게 시작한다.

99
비약적인 성장은 언제나 바닥을 치고 올라올 때다

우리는 전에 없던 시대를 지나고 있다. 지금은 어렵다고 생각하겠지만, 먼 훗날 돌아봤을 때, 이 힘든 상황은 반드시 다 지나가서 추억이 될 것이다. 크게 성장하거나 깨달은 사람들은 보면 항상 우울증이나 사업 실패 고통으로 괴로움, 질병, 부상, 파산, 소중한 사람들과의 이별 등 역경을 반드시 겪는다.

역경과 추락과 감정이 바닥을 치고 우울한 것은 분명히 불편하다. 그러나 이런 역경이 발생하면 나폴레온 힐이 말한 것처럼 "역경은 그것과 동등한 혹은 그것보다 훨씬 더 큰 이득의 씨앗이 있다." 이 말을 꼭 기억하자. 역경 속에서도 잠재의식에 긍정 확언의 생각 씨앗이 자라고 있다. 이 씨앗은 반드시 언젠가 큰 열매로 나타난다.

1보 후퇴하는 것은 2보 전진하기 위함이다. 매일 하루를 기쁘게 살려고 노력하며 그 하루가 계속 쌓여 이 힘든 시기와 역경은 다 지나갈 것이다. 그리고 자신이 바라는 미래의 상을 다음의 강력한 확언 10개로 매일 녹음하거나 읽어보라.

1. 오늘부터 나는 새로운 삶을 시작한다. 실패와 역경의 어려움 속에서도 희망은 반드시 있다. 오늘부터 나는 긍정적인 생각 습관을 들이고 그 습관의 주인이 되리라.

2. 나는 사랑으로 이날을 맞이한다. 사랑은 모든 성공 뒤에 감춰진 위대한 힘이다.

3. 나는 자연의 위대한 기적이다. 나는 이길 것이며, 세상에서 가장 위대한 (　)이 될 것이다. 나는 잘될 것이다. 나는 심히 잘될 것이다.

4. 나는 성공할 때까지 집요하게 나아간다. 나는 노력하고 더욱더 노력할 것이다.

5. 나는 오늘이 마지막인 것처럼 살아가리라. 만약 오늘이 마지막 날이

아니라면 두 손 모아 감사하리라.

6. 이제 나는 내 감정을 지배하리라. 나는 내 운명을 긍정적으로 바꿀 수 있으며, 나의 운명은 세상에서 가장 위대한 (   )이 되는 것이다.

7. 나는 웃으면서 오늘을 살아가리라. 이 또한 다 지나가리라. 잔뜩 화가 날 때조차 이 말이 즉시 나올 수 있도록 훈련에 훈련을 더하리라. 나는 오늘을 웃음으로 채색하리라.

8. 나는 오늘 나의 가치를 수백 배 더 키우리라. 목표에 도달하기 전에 거듭 넘어진다 해도, 그 높이에 기죽지 않으리라. 나는 손에 닿는 것보다 훨씬 더 큰 목표를 잡으리라.

9. 이제 나는 실천하리라. 실천만이 나의 가치를 결정한다. 성공은 절대 기다려주지 않는다. 지금이 바로 그때이고 여기가 바로 그 자리이고 내가 바로 그 사람이다.

10. 이제부터 나는 기도하리라. "오늘은 내가 새롭게 긍정적인 생각으로 나아가는 날입니다. 내게 다가온 기회에 합당한 능력을 갖출 수 있도록 인도해 주십시오."

1분 명상

이제부터는 새로운 생각으로 매일 새롭게 나아가자

100
세상에 실수란 없다
오직 지금 새로 시작할 수 있다

인도의 현자가 웨인 다이어 박사에게 이런 말을 들려주었다.

"자신을 비난하거나 학대하지 마세요. 이 세상에 실수로 태어난 사람은 아무도 없습니다. 세상에서 가장 완벽한 게 뭔지 아십니까. 그건 바로 '우주'입니다. 사람은 모두 완벽한 우주 일부분입니다. 조화와 협력, 사랑으로 움직이는 이 우주에 우리가 실수로 태어난 사람이 없듯이 당신도 완벽한 일부입니다."

우리가 왜 스스로 사랑하고 있는 그대로 모든 것이 다 완벽한지 알게 될 것이다. 모든 인연은 왔다가 사라지고 오고 가고 뭔가 고정된 것이 없다. 그러나 자신은 스스로 이곳에 왔다가 항상 이 세상을 떠날 때 같이 간다. 그러므로 이 세상에서 가장 중요한 인연은 누구인가. 자기 자신이다.

여러분은 이제 자신의 마음 안에 있는 잠재의식의 힘을 알아챘을 것이다. 그 힘이 여러분이 잘 때 손톱이 자라게 하고 머리카락을 길게 늘어뜨리고 세포의 손상을 치유하고 밤새 피곤한 몸의 피로를 완벽하게 해결하는 전능한 힘이다. 그 완벽한 힘이 여러분과 항상 함께 다닌다. 그러니 이제는 믿자.

모든 것이 다 잘될 것이고, 그중에서 나도 잘될 것이고, 진짜 잘될 것이고, 심히 잘될 것이고, 진짜 잘될 것이다. 그러니 아무 걱정 없이 이 세상에서 펼치고 싶은 꿈을 맘껏 펼쳐보자.

자신과 잘사는 방법을 터득하라. 어떤 일이 있어도 잠재의식에 기적을 일으키는 다음의 긍정 확언하라.

"모든 것은 다 잘 된다."
"모든 것은 다 좋은 것이다."
"모든 것이 나의 최상의 선을 위해 움직이고 있다."
"이 상황이 지나고 나면, 나에게는 오직 좋은 것만이 주어질 것이다."

"나는 안전하다."

이 루이스 헤이 기적의 확언을 한다면 여러분이 어떤 상황에 부닥치더라도 오직 좋은 것만 주어질 것이고, 잠재의식이 도와줄 것이고, 여러분을 안전하게 안내할 것이다. 그러니 믿고 맡기고 잠재의식에다 자기 전에 모든 문제를 맡기며 해결해 달라고 하자. 여러분이 이 책을 읽는 동안 필자도 함께 기도하며 여러분의 꿈이 이루어지기를 항상 간절히 바라고 있다는 것을 기억하기를 바란다.

1분 명상
나의 세상에서는 모든 것이 다 좋다고 믿어라.

부록

꿈의 목록 100

꿈의 목록 100

1	
2	
3	
4	
5	
6	
7	
8	
9	
10	
11	
12	
13	
14	
15	
16	
17	
18	
19	
20	
21	
22	
23	
24	
25	

꿈의 목록 100

26	
27	
28	
29	
30	
31	
32	
33	
34	
35	
36	
37	
38	
39	
40	
41	
42	
43	
44	
45	
46	
47	
48	
49	
50	

꿈의 목록 100

51	
52	
53	
54	
55	
56	
57	
58	
59	
60	
61	
62	
63	
64	
65	
66	
67	
68	
69	
70	
71	
72	
73	
74	
75	

꿈의 목록 100

76	
77	
78	
79	
80	
81	
82	
83	
84	
85	
86	
87	
88	
89	
90	
91	
92	
93	
94	
95	
96	
97	
98	
99	
100	

나는
잘될 거야

초판 1쇄	2022년 5월 10일
2쇄 발행	2022년 6월 16일
지은이	엄남미
펴낸이	엄남미
디자인	고은아
펴낸곳	케이미라클모닝
등록	제2021-000020 호
주소	서울 동대문구 전농로 16길 51, 102-604
전자우편	kmiraclemorning@naver.com
전화	070-8771-2052
ISBN	979-11-977597-5-8 03300

ⓒ 엄남미, 2022
값 15,000원

* 이 책은 저작권법에 따라 보호를 받는 저작물입니다. 무단 전제와 복제를 금합니다.
* 이 책의 내용의 전부 또는 일부를 사용하려면 반드시 저작권자와 케이미라클모닝 출판사의 동의를 받아야 합니다.
* 잘못된 책은 구입하신 서점에서 교환해 드립니다.
* 케이미라클모닝 출판사 문에 노크해 주십시오. 어떤 영감과 생각이라도 환영합니다.